實秋

前天寓九來知道你又遷上
海開旦學來青島的艷聞—我
在京中聽討十不禁展頸下
半年又可重敍好得粮一事務
必日來 詩刊二期單等青前
貢献 足上一多今端手抬一足期两
擇寄匯以學回論
太保兄有了了諸名的後
志摩二十八日

巧读·快读
现代名家
QIAO DU·KUAI DU
XIANDAI MINGJIA

读懂
徐志摩

DUDONG XUZHIMO

孙晓娅　编著

广西人民出版社

图书在版编目（CIP）数据

读懂徐志摩 / 孙晓娅编著.—南宁：广西人民出版社，2014.2

（巧读·快读现代名家）

ISBN 978-7-219-08595-0

Ⅰ.①读… Ⅱ.①孙… Ⅲ.①徐志摩（1896—1931）－人物研究 Ⅳ.①K825.6

中国版本图书馆CIP数据核字（2013）第234087号

监　　制　白竹林
策划编辑　田　珅
责任编辑　梁凤华
责任校对　梁小琪　唐柳娜
美术编辑　王　霞
印前制作　麦林书装

出版发行　广西人民出版社
社　　址　广西南宁市桂春路6号
邮　　编　530028
印　　刷　广西大一迪美印刷有限公司
开　　本　875mm×1230mm　1/32
印　　张　8.5
字　　数　150千字
版　　次　2014年2月　第1版
印　　次　2014年2月　第1次印刷
书　　号　ISBN 978-7-219-08595-0/K·1466
定　　价　26.80元

目　录

第一辑　徐志摩的言

1. 我是极空洞的一个穷人，我也是一个极充实的富人——我有的只是爱。

2. 我要的是筋骨里迸出来，血液里激出来，性灵里跳出来，生命里震荡出来的真纯的思想。

3. 那时我才有机会接近真正的康桥生活，同时我也慢慢地"发现"了康桥。我不曾知道过更大的快乐……就我个人说，我的眼是康桥教我睁的，我的求知欲是康桥给我拨动的，我的自我的意识是康桥给我胚胎的……我在康桥的日子可真是享福，深怕这辈子再也得不到那样甜蜜的机会了。

4. 整十年前我吹着了一阵奇异的风，也许照着了什么奇异的月色，从此我的思想就倾向于分行的抒写。一份深刻的忧郁占定了我，这忧郁，我信，竟于渐渐的浅化了我的气质。

5. 在星光下听水声，听近村晚钟声，听河畔倦牛刍草声，是我康桥经验中最神秘的一种：大自然的优美，宁静，调谐在这星光与波光的默契中不期然地淹入了你的性灵。

6. 外国的一首好诗，一个音节不能省，一个不恰当的字不能用，本来作诗如造屋，屋中的一根柱头没有放好，全座的房子都要受影响。我们觉悟了诗是艺术，艺术的含义是当事人自觉地运用某种题材，不是经心的一任题材的支配。

7. 陆放翁有一联诗句："传呼快马迎新月，却上轻舆趁晚凉。"这是做地方官的风流。我在康桥时虽没马骑，没轿子坐，却也有我的风流：我常常在夕阳西晒时骑了车迎着天边扁大的日头直追。日头是追不到的，我没有夸父的荒诞，但晚景的温存却被我这样偷尝了不少。

8. 看到了一多的谨严的作品我方才憬悟到我自己的野性；但我素性的落拓始终不容我追随一多他们在诗的理论方面下过任何细密的功夫。

9. "无理想的民族必亡"，是一句不刊的真言。我们目前的社会政治走的只是卑污苟且的路，最不能容许的是理想，因为理想好比一面大镜子，若然摆在面前，一定照出魑魅魍魉的丑迹。莎士比亚的丑鬼卡立朋（Caliban）有时在海水里照出自己的尊容，总是老羞成怒的。

所以每次有理想主义的行为或人格出现，这卑污苟且的社会一定不能容忍；不是拳打脚踢，也总是冷嘲热讽，总要把那三闾大夫硬推入汨罗江底，他们方才放心。

10. 我们从前是儒教国，所以从前理想人格的标准是智仁勇。现在不知道变成了什么国了，但目前最普通人格的通性，明明是愚暗残忍懦怯，正得一个反面。但是真理正义是永生不灭的圣火；也许有时遭被蒙盖掩翳罢了。大多数的人一天二十四点钟的时间内，何尝没有一刹那清明之气的回复？但是谁有胆量来想他自己的想，感觉他内动的感觉，表现他正义的冲动呢？

11. 为弄清中国妇女的传统地位，首先要抓住建立在中国人生活和思想上的两条基本原则，因为与她们的西方姐妹不同，中国妇女是陈旧传统和束缚的产物。最重要的是，我们必须深知孔大圣人灌输的孝道，已经渗入到她们个人和社会生活的结构里。孝顺父母在中国人眼里是最高尚和基本的美德。孔子指出人类关系的五大原则中，孝道是最至关重要的。对统治者忠贞不贰，妻子服从丈夫，兄弟互爱，人以诚为上是同一原则的变形。

12. 随着中国一代女性接受更多的教育，她们最先努力争取解放的应该是最为关切的婚姻与爱情问题。传统"逆来顺受的婚姻"只适合她们的先辈，先辈们对婚姻生活根本没有发言权，因此五年"自由恋爱"成为她们实实在在的口号。我们听到过许多少女为逃避传统婚姻自杀的事。现在男人们已在新与旧之间起调和作用，父母也认识到孩子周围的环境发生了变化，许多人正审慎地与改革运动合作。今天的年轻人正在自我选择婚姻，但选择前，还是要跟父母商量。

13. 在全国开展妇女解放运动的时机成熟了，中国妇女将用那双"摇动摇篮"的手统治世界，不是在立法机关担任法律制定者，而是与之平等的重要的实用地位。现在，它正通过教育的作用得到强有力的推动——教育是世界上最普遍、广泛的舆论。

14. 真生命必自奋斗自求得来，真幸福亦必自奋斗自求得来，真恋爱亦必自奋斗自求得来！彼此前途无限，……彼此有改良社会之心，彼此有造福人类之心，其先自做榜样，勇决智断，彼此尊重人格，自由离婚，止绝苦痛，始兆幸福，皆在此矣。

15. 什么是文明人？只是腐败了的野兽！你若然拿住一个文明惯了的人类，剥了他的衣服装饰，夺了他作伪的工具——语言文字把他赤裸裸地放在荒野里看看——多么"寒碜"的一个畜生呀！恐怕连长耳朵的小骡儿都瞧他不起哪！

16. 到底什么是诗，谁都想来答复，谁都不曾有满意的答复。诗同美和恋爱一样，不容分析，不能以一定义来概括。有人想用科学的方法来研究诗，从字句的尺度间去寻秘密，结果也无非把西洋镜拆穿，影戏是看不成了，秘密却还是没有找到。宇宙间基本的理象——美、恋爱、诗、善——只有各个人自己体验去。你自身体验去，是唯一的秘诀。同时，"真诗真美"还是有客观标准的。

17. 坏诗以及各类不纯粹的艺术所引起的止于好意的怜与笑，假诗所引起的是极端的厌恶，假诗是不应得容许的，欺人自欺，无论在政治上，在文艺里，结果总是最不经济的方策，迟早要被人揭破的。

18. 诗是一种最高的语言，诗是极高尚极纯粹的东西，不要太容易去作，更不要为发表而作。我们得到一种诗的实质，先要融化在心里；直至忍无可忍，觉得几乎要迸出我心腔的时候，才把它写出。那才能算是一首真的诗。写诗单靠灵感是不行的，还要有"艺术的自觉心"。

19. 天赋我们的眼睛，我们要运用它能看的本能去观察；天赋我们的耳，我们要运用它能听的本能去谛听；天赋我们的心，我们要运用它能想的本能去思想；此外还要依赖一种潜识——想象化，把深刻的感动让它在潜识内融化，等它自己结晶，一首诗才算是成功。

20. 每次有理想主义的行为或人格出现，这卑污苟且的社会一定不能容忍；不是拳打脚踢，也总是冷嘲热讽，总要把那三闾大夫硬推入汨罗江底，他们方才放心……真理正义是永生不灭的圣火。要保全这点子小小的火星不灭，是我们的责任，是我们良心上的负担；我们应该积极同情这番拿人格头颅去撞开地狱门的精神。

21. 你做小孩时候快活不？我，不快活。至少我在回忆中想不起来。你满意你现在的情况不？你觉不觉得有地方习惯成了自然，明知是做自己习惯的奴隶却又没法摆脱这束缚，没法回复原来的自由？不但是实际生活上，思想、意志、性情也一样有受习惯拘执的可能。习惯都是养成的；我们很少想到我们这时候觉着的浑身的镣铐，大半是小时候就套上的——记着一岁到六岁是品格与习惯的养成的最重要时期。

22. 品格教育，不是知识教育。我们不敢说合理的养育就可以消灭所有的败类；但我们确信（借近代科学研究的光）环境与有意识的训练在十次里至少有八九次可以变化气

8

质，养成品格。什么事只要基础打好就有办法：屋漏了容易修，墙坏了可以补，基础不坚实时可麻烦。管好你的孩子，帮他开好方向，以后他就会自己寻路走。

23. 我们很少想到，品格、性情，乃至思想上的不洁也多半是缘于小时候父母的姑息与颇预。一般父母心目中的"好孩子"观念是：很容易变好。做父母的都有一个创作的机会，把你们孩子养成一个健康、活泼、灵敏、慈爱的成人，替社会造一个有用的人才，替自然完成一个有意识的工作，同时也增你们自己的光，添你们的欢喜——这机会还不够大吗？

24. 我最爱中国的李太白，外国的 Shelley。

25. 诗绝不是好看的字眼，铿锵的音节；乃是圣灵感动的结果，美的实现，宇宙之真理的流露。

26. 每次我念罗素的著作或是记起他的声音笑貌，我就联想起纽约城，尤其是吴尔吴斯五十八层的高楼。罗素的思想言论，仿佛是夏天海上的黄昏，紫黑云中不时有金蛇似的电火在冷酷地料峭地猛闪，在你的头顶眼前隐现！矗入云际的高楼，不危险吗？一半个的霹雳，便可将他锤成粉屑——

9

震得赫真江边的青林绿草都兢兢地摇动！但是不然！电火尽闪着，霹雳却始终不到，高楼依旧在层云中蠢着，纯金的电光，只是照出他的傲慢，增加他的辉煌！

27. 老家里还有几件东西总觉得有些不舍得——例如个人的自由，许等到我有信仰的日子就舍得也难说，但那日子似乎不很近。假如革中国命的是孙中山，你们要小心了，不要让外国来的野鬼钻进了孙中山先生的棺材里去！

28. 那红色是伟大的象征，代表人类史里最伟大的一个时期；不仅标示俄国民族流血的成绩，却也为人类立下了一个勇敢尝试的榜样。在那旗子抖动的声响里我不仅仿佛听出了这近十年来那斯拉夫民族与胜利的呼声，我也想象到百数十年前法国革命时的狂热，一七八九年七月四日那天巴黎市民攻破巴士底狱时的疯癫……自由、平等、友爱！友爱、平等、自由！法国人在百几十年前猖狂地叫着。这叫声还在人类的性灵里荡着。我们不好像听见吗，虽则隔着百几十年前光阴的旷野。如今凶恶的巴士底狱又在我们的面前堵着；我们如其再不发疯，他那牢门上的铁钉，一个个都快刺透我们的心胸了！

29. 我个人从这两件事情——俄国革命与日本地震——

感到极深刻的感想：一件是告诉我们什么是有意义有价值的牺牲，那表面紊乱的背后坚定地站着某种主义或某种理想，激动人类潜伏着一种普遍的想望，为要达到那想望的境界，他们就不顾冒怎样剧烈的险与难，拉倒已成的建设，踏平现有的基础，抛却生活的习惯，尝试最不可测量的路子。

30. 我是一个信仰感情的人，也许我自己天生就是一个感情性的人。

31. 我将于茫茫人海中访我唯一灵魂之伴侣；得之，我幸；不得，我命，如此而已。

32. 我尝奋我灵魂之精髓，以凝成一理想之明珠，涵之以热满之心血，朗照我之深奥之灵府。

33. 我之甘冒世之不韪，竭全力以斗者，非特求免凶惨之苦痛，实求良心之安顿，求人格之确立，求灵魂之救度耳。人谁不求庸德？人谁不安现成？人谁不畏艰险？然且有突围而出者，夫岂得至而然哉？

34. 你早已成我灵魂的一部，我的影子里有你的影子，我的声音里有你的声音，我的心里有你的心；鱼不能没有水，人不能没有氧气；我不能没有你的爱。

35. 曼殊斐儿音声之美，又是一个 miracle。一个个音符从她脆弱的声带里颤动出来，都在我习于尘俗的耳中，启示一种神奇的意境。仿佛蔚蓝的天空中一颗一颗的明星先后涌现。像听音乐似的，虽则明明你一生从不曾听过，但你总觉得好像曾经闻到过的也许在梦里，也许在前生。她的，不仅引起你听觉的美感，而竟似直达你的心灵底里，抚摩你蕴而不宣的苦痛，温和你半僵的希望，洗涤你窒碍性灵的俗累，增加你精神快乐的情调；仿佛凑住你灵魂的耳畔私语你平日所冥想不得的仙界消息。

36. 我见曼殊斐儿，比方说只不过二十分钟模样的谈话，但我怎么能形容我那时在美的神奇的启示中的全生的震荡？——我与你虽一度相见——但那二十分不死的时间，果然，要不是那一次巧合的相见，我这一辈子，就永远也见不着她——会面后不到六个月她就死了。

37. 我们当初想做的是什么呢？当然只是书呆子们的梦想！我们想做戏，我们想结合几个人的力量，自编自导自演。

38. 朋友们，我们多长一岁年纪往往只是加重我们头上的枷，加紧我们脚胫上的链，我们见小孩子在草里在沙堆里在浅水里打滚作乐，或是看见小猫追它自己的尾巴，何尝没有羡慕的时候，但我们的枷，我们的链永远是制定我们行动的上司！所以只有你单身奔赴大自然的怀抱时，像一个裸体的小孩扑入他母亲的怀抱时，你才知道灵魂的愉快是怎样的，单是活着的快乐是怎样的，单就呼吸单就走道单就张眼看耸耳听的幸福是怎样的。因此你得严格的为己，极端的自私，只许你，体魄与性灵，与自然同在一个脉搏里跳动，同在一个音波里起伏，同在一个神奇的宇宙里自得。

39. 只要你自己性灵上不长疮瘢，眼不盲，耳不塞，这无形迹的最高等教育便永远是你的名分，这不取费的最珍贵的补剂便永远供你的受用；只要你认识了这一部书，你在这世界上寂寞时便不寂寞，穷困时不穷困，苦恼时有安慰，挫折时有鼓励，软弱时有督责，迷失时有南针。

40. 孤独之于创造性的头脑，犹如春风之于色彩斑斓的混沌万物，它们本质上并不相同，却以各自的方式，使头脑和万物最具活力，充满了生命的朝气。

41. 我们的大话是：要把创格的新诗当一件认真事情

做。这话转到了我个人对于新诗的浅见。我第一得声明我绝没有厚颜，自诩有什么诗才。新近我见一则短文上写"没有人会以为徐志摩是个诗人……"；对极，至少我自己决不敢这样想，因为诗人总得有天才，天才的担负是一种厌得死人的担负，我想着就害怕，我哪敢？实际上我写成了诗式的东西借机会发表，完全是又一件事，这决不证明我是诗人，要不然诗人真的可以汗牛充栋了！一个时代见不着一个真诗人，是常例；有一两个露面已够例外；再盼望多简直是疯想。

42. 不能在我的生命里实现人之所以为人，我对不起自己。在为人的生活里，不能实现我之所以为我，我对不起生命。这个原则我们也应该时时放在心里。

43. 戏剧是艺术的艺术……它最主要的成分是人生的艺术……小之震荡个人的心灵，大之震撼一民族的神魂，已往的事迹曾经给我们明证，戏剧在各项艺术中是一个最不可错误的势力。……现在我知道艺术是不能脱离生活独立的，它的生存与发展是基于一定条件的。生活的安宁是艺术产生的一个最重要的前提……哪一样艺术能有戏剧那样集中性的，概包性的，"模仿"或是"批评"人生？

44. 我们想做戏，我们想集合几个人的力量，自编戏自演，要得的请人来看，要不得的反正是自己玩。

45. 我想在冬至节独自到一个偏僻的教堂里去听几折圣诞的和歌，但我却穿上了臃肿的袍服上舞台去串演不自在的"腐戏"。我想在霜浓月澹的冬夜独自写几行从性灵暖处来的诗句，但我却跟着人们到涂蜡的跳舞厅去艳羡仕女们发金光的鞋袜。

46. 我们办月刊的几个人思想并不完全一致的，有的是信这个主义，有的是信那个主义，但是我们的根本精神和态度却有几点相同的地方。我们都信仰"思想的自由"，我们都主张"言论出版自由"，我们都主张"容忍的态度"。

47. 我们舍不得新月这名字，因为它虽则不是一个怎样强有力的象征，但它那纤弱的一弯分明暗示着，怀抱着未来的圆满。我们这几个朋友，没有什么组织除了这月刊本身，没有什么结合除了在文艺和学术上的努力，没有什么一致除了几个共同的理想。凭这点集合的力量，我们希望为这时代的思想增加一些体魄，为这时代的生命添厚一些光辉。

48. 为了共同的理想——希望为这时代的理想增加一些

体魄，为这时代的生命添厚一些光辉，我们对我们光明的过去负有创造一个伟大的将来的使命；对光明的未来又负有结束这黑暗的现在的责任。我们第一要提醒这个使命与责任。

49. 商业上有自由，不错。思想上言论上更应得有充分的自由，不错。但得在相当的条件下。最主要的两个条件是：一、不妨害健康的原则；二、不折辱尊严的原则。买卖毒药，买卖身体，是应得受干涉的，因为这类的买卖直接违反健康与尊严两个原则。同时这些非法的或不正当的营业还是一样在现代的大都会里公然地进行——鸦片、毒药、淫业，哪一宗不是利市三倍的好买卖？但我们却不能因它们的存在就说它们不是不正当而默许它们存在的特权。在这类的买卖上我们不能应用商业自由的原则。我们正应该觉得切肤的羞恶，眼见这些危害性的下流的买卖公然在我们所存在的社会里占有它们现有的地位。

50. 先前我们在思想上是绝对没有自由，结果是奴性的沉默；现在，我们在思想上是有了绝对的自由，结果是无政府的凌乱。思想的花式加多本来不是件坏事，在一个活力磅礴的文化社会里往往看得到，偎傍着刚直的本干，普盖的青荫，不少盘错的旁枝，以及恣蔓的藤萝。那本不关事，但现代的可尤正是为了一个颠倒的情形。盘错的，恣蔓的尽有，这里那里都是的，却不见了那刚直的与普盖的。这就比是一个商业社会上不见了正宗的企业，却只有种种不正当的营业盘踞着整个的市场，那不成了笑话？

51. 我们不敢附和唯美与颓废，因为我们不甘愿牺牲人生的阔大。为要雕镂一只金镶玉嵌的酒杯。美我们是尊重而且爱好的，但与其咀嚼罪恶的美艳不如省念德性的永恒，与其到海陀罗凹腔里去收集珊瑚色的妙药还不如置身在扰攘的人间倾听人道那幽静的悲凉的清商。

52. 我们不敢赞许伤感与热狂，因为我们相信感情不经理性的清滤是一注恶浊的乱泉，它那无方向的激射至少是一种精力的耗废。我们未尝不知道放火是一桩新鲜的玩艺，但我们却不忍为一时的快意造成不可救济的惨象。"狂风暴雨"有时是要来的，但狂风暴雨是不可终朝的。我们愿意在更平静的时刻中提防天时的诡变，不愿意籍口风雨的猖狂放弃清风白日的希冀。我们当然不反对解放情感，但在这头骏悍的野马的身背上我们不能不谨慎地安上理性的鞍索。

53. 我们不崇拜任何的偏激，因为我们相信社会的纪纲是靠着积极的情感来维系的，在一个常态社会的天平上，情爱的分量一定超过仇恨的分量，互助的精神一定超过互害与互杀的动机。我们不愿意套上着色眼镜来武断宇宙的光景。我们希望看一个真，看一个正。

54. 我们不能归附功利，因为我们不信任价格可以混淆价值，物质可以替代精神，在这一切商业化恶浊化的急坂上我们要留住我们倾颠的脚步。我们不能依傍训世，因为我们不信现成的道德观念可以用作评价的准则，我们不能听任思想的矫健僵化成冬烘的臃肿。标准，纪律，规范，不能没有，但每一时代都得独立去发现它的需要，维护它的健康与尊严，思想的懒惰是一切准则颠覆的主要的根由。

55. 我们要把人生看作一个整的。支离的，偏激的看法，不论怎样的巧妙，怎样的生动，不是我们的看法。我们要走大路。我们要走正路。我们要从根本上做工夫。我们只求平庸，不出奇。

56. 我再不能张着眼睛做梦，从今起得把现实当现实看：我要来察看，我要来检查，我要来清除，我要来颠仆，我要来挑战，我要来破坏……

57. 带住！让我们对着混斗的双方猛喝一声。带住！让我们对着我们不十分上流的根性猛喝一声。假如我们觉得胳

18

膊里有余力，身体里有余勇要求发泄时，让我们望升华的道上走，现在需要勇士的战场正多着哪，为国家，为人道，为真正的正义——别再死捧着显微镜，无限地放大你私人的意气！

58. 我们相信一部纯正的思想是人生改造的第一个需要。纯正的思想是活泼的新鲜的血球，它的力量可以抵抗，可以克胜，可以消灭一切致病的霉菌。纯正的思想，是我们自身活力得到解放以后自然的产物，不是租借来的零星的工具，也不是稗贩来的琐碎的技术。我们先求解放我们的活力。

59. 要从恶浊的底里解放圣洁的泉源，要从时代的破烂里规复人生的尊严——这是我们的志愿。成见不是我们的，我们先不问风是在哪一个方向吹。功利也不是我们的，我们不计较稻穗的饱满是在哪一天。无常是造物的喜怒，茫昧是生物的前途，临到"闭幕"的那俄顷，更不分凡夫与英雄，痴愚与圣贤，谁都得撒手，谁都得走，但在那最后的黑暗还不曾覆盖一切以前，我们还不一样的得认真来扮演我们的名分？

60. 生命从它的核心里供给我们信仰，供给我们忍耐与勇敢。为此我们方能在黑暗中不害怕，在失败中不颓丧，在痛苦中不绝望。生命是一切理想的根源，它那无限而有规律的创造性给我们在心灵的活动上一个强大的灵感。它不仅暗示我们，逼迫我们，永远往创造的，生命的方向走，它并且启示给我们的想象。物体的死只是生的一个节目，不是结束，它的威吓只是一个谎骗，我们最高的努力的目标是与生命本体同绵延的，是超越死线的，是与天外的群星相感召的。为此，虽则生命的势力有时不免比较的消歇，到了相当的时候，人们不能不醒起。我们不能不醒起，不能不奋争，尤其在人与生的尊严与健康横受凌辱与侵袭的时日！

61. 天才是不容易伺候的。在别的事情方面还可以迁就，配偶这件事最是问题。

62. 诗人白郎宁与衣里查白裴雷德的结合是人类一个永久的纪念。如其他们结婚以前的经过是一叶薰香的恋迹；他们结婚以后的生活一样是值得我们的赞美。如其他们彼此感情的交流是不涉丝毫勉强，他们各自的忍耐与节制同样是一宗理性的胜利。如其这婚姻使他们二个完全实现这地面能够可能的幸福，他们同时为蹒跚的人类立下一个健全的榜样。他们使我们艳羡，也使我们崇仰，他们的不是那猥琐的局促的一流。如其白郎宁在这段情史中所表现的品格是男性的高尚与华贵，白夫人的是女性的坚贞与优美与灵感。他们完全实现了配偶的理想，他们是一对理想的夫妻。

63. 人们原来都是会飞的。天使们有翅膀，会飞，我们初来时也有翅膀，会飞。我们最初来就是飞了来的，有的做完了事还是飞了去，他们是可羡慕的。但大多数人是忘了飞的……真的，我们一过了做孩子的日子就掉了飞的本领。但没了翅膀或是翅膀坏了不能用是一件可怕的事。因为你再也飞不回去，你蹲在地上呆望着飞不上去的天，看旁人有福气的一程一程的在青云里逍遥，那多可怜。

64. 是人没有不想飞的，老是在这地面上爬着够多厌烦，不说别的。飞出这圈子，飞出这圈子！到云端里去，到云端里去！哪个心里不成天千百遍地这么想？飞上天空去浮着，看地球这弹丸在太空里滚着，从陆地看到海，从海再看回陆地。凌空去看一个明白——这才是做人的趣味，做人的权威，做人的交代。这皮囊要是太重挪不动，就掷了它，可能的话，飞出这圈子，飞出这圈子！

65. 你要是懂得我，信我，那你决不能再让你自己多过一半天糊涂的日子；我并不敢逼迫你做这样，做那样，但如果你我间的恋情是真的，那它一定有力量，有力量打破一切的阻碍，即使得渡过死的海，你我的灵魂也得结合在一起——爱给我们勇，能勇就是成功，要大抛弃才有大收成，大牺牲的决心是进爱境唯一的通道。

66. 我不仅要爱的肉眼认识我的肉身，我要你的灵眼认识我的灵魂。

67. 我没有别的方法，我就有爱；没有别的天才，就是爱；没有别的能力，只是爱；没有别的动力，只是爱。

68. 我这一生的周折，大都寻得出感情的线索。

69. 我一直以为，自己一生最大的机缘是得遇狄更生先生。是因为他，我才能进到康桥享受这些快乐的日子，而我对文学艺术的兴趣也就这样固定成型了。

70. 深刻的孤独中产生的思想，就像阳光照在一颗多棱的宝石上，灵魂的奥秘瞬间即以可感觉的形式，呈现出难以想象的壮丽。

71. 你现在的选择，一边是苟且暧昧的图生，一边是认真的生活；一边是肮脏的社会，一边是光荣的恋爱；一边是无可理喻的家庭，一边是海阔天空的世界与人生；一边是你

22

的种种的习惯，寄妈舅母，各类的朋友，一边是我与你的爱……你真的得下一个完全自主的决心。

72. 爱的出发点不定是身体，但爱到了身体就到了顶点。厌恶的出发点，也不一定是身体，但厌恶到了身体就到了顶点。

73. 最容易最难化的是一样东西——女人的心。

74. 第一，我们共信（新）诗是有前途的；同时我们知道这前途不是容易和平坦，需要很多人共力去开拓。

75. 我们共信诗是一个时代最不可错误的声音，由此我们可以听出民族精神的充实抑空虚，华贵抑卑琐，旺盛抑消沉。一个少年人偶尔的抒情的颤动或许影响到人类的终古的情绪；一支不经意的歌曲，或许可以开成千百万人热情的鲜花，绽出瑰丽的英雄的果实。

76. 再次我们共信诗是一种艺术。艺术精进的秘密当然是每一个天才不依傍的致力，各自反出光荣的创例，但有时完全的纯理的探讨与更高的技术的寻求，乃至根据私交的风尚的兴起，往往可以发生一种特殊的动力，使这一种或那一种艺术更意识地安上坚强的基筑。

77. 想斗胆在功利气息最浓重的地处与时日，结起一个小小的诗坛，谦卑地邀请国内的志同者的参加，希冀早晚可以放露一点小小的光。小，但一直的向上；小，但不是狂暴的风所能吹熄。

78. 我性灵里即使有些微创作的光亮，那光亮也就微细得可怜，像板缝里逸出的一线豆油灯光。痛苦就在这里；这一丝 willowiap，若隐若现地晃着，我料定是我终身不得（性灵的）安宁的原因。

79. 我生平最纯粹可贵的教育是得之于自然界，田野，森林，山谷，湖，草地，都是我的课室；云彩的变幻，晚霞的绚烂，星月的隐现，田野的麦浪是我的功课；瀑吼，松涛，鸟语，雷声是我的老师，我的官觉是他们忠谨的学生，受教的弟子。

80. 在二十四岁以前，诗，不论新旧，于我是完全没有相干。我这样一个人如果真会成功一个诗人——哪还有什么话说？但生命的把戏是不可思议的！我们都是受支配的善良的生灵，哪件事我们做得了主？整十年前我吹着了一阵奇异

24

的风，也许照着了什么奇异的月色，从此起我的思想就倾向于分行的抒写。

81. 抬起头居然又见到天了。眼睛睁开了心也跟着开始了跳动。嫩芽的青紫，劳苦社会的光影，悲欢的图案，一切的一切，一切的静，重复在我的眼前展开，有声色和有情感的世界重复为我存在，这仿佛是为了要挽救一个曾经有单纯信仰的流入怀疑的颓废，那在帷幕中隐藏着的神通又在那里栩栩的生动，显示它的博大与精微，要他认清方向，别再走错了路。

82. 往理性的方向走，往爱心与同情的方向走，往光明的方向走，往真的方向走，往健康快乐的方向走，往生命，更多更大更高的生命方向走——这是我那时的一点"赤子之心"。

83. 你早已成我灵魂的一部，我的影子里有你的影子，我的声音里有你的声音，我的心里有你的心；鱼不能没有水，人不能没有氧气；我不能没有你的爱。

84. 我不敢说，我有办法解救你，救你就是救我自己，力量是在爱里；再不容迟疑，爱，动手吧！

85. 小曼，风乍起，吹皱一池春水，惹得满城风絮，却吹不散晶晶日光。空相之物，无惧风雨如晦，无需撑一柄油纸伞，我便可于雨夜安然盘桓你的心间，而你却浑然不觉，只因爱情让我徒生无我之相。

86. 我爱你朴素，不爱你奢华。你穿上一件蓝布袍，你的眉目间就有一种特异的光彩，我看了心里就觉着不可名状的欢喜。朴素是真的高贵。你穿戴齐整的时候当然是好看，但那好看是寻常的，人人都认得的，素服时的眉，有我独到的领略。

87. 我要你的性灵，我要你身体完全的爱我，我也要你的性灵完全地化入我的，我要的是你的绝对的全部——因为我献给你的也是绝对的全部，那才当得起一个爱字。

88. 我恨的是庸凡，平常，琐细，俗；我爱个性的表现。

89. 我的胸膛并不大，决计装不下整个或是甚至部分的宇宙。我的心河也不够深，常常有露底的忧愁。我即使小有才，决计不是天生的，我信是勉强来的；所以每回我写什么多少总是难产，我唯一的靠傍是刹那间的灵通。我不能没有心的平安，眉，只有你能给我心的平安。在你完全的蜜甜的高贵的爱里，你享受无上的心与灵的平安。

90. 谁都以为自己会是例外，在后悔之外。谁都以为拥有的感情也是例外，在变淡之外。谁都以为恋爱的对象刚巧也是例外，在改变之外。然而最终发现，除了变化，无一例外。

91. 即使命运叫您在得到最后胜利之前碰着了不可躲避的死，我的爱！那时您就死。因为死就是成功，就是胜利。一切有我在，一切有爱在。

92. 爱不仅激发灵魂创造，还刺激它毁灭。
毁灭即是一种彻底的创造。
爱能激励人做出不可能做的事来。
怯懦是造成终生憾事的主要原因，即使不是全部。
同情是仅次于爱的最具创造力的情感。
容忍的精神是仅次于自我牺牲意志的最崇高的品德。
真正的容忍来自思想的启蒙，它预示着一种不同寻常的理智力量。

93. 青年永远趋向反叛，爱好冒险；永远如初度航海者，幻想黄金机缘于浩渺的烟波之外：想割断系岸的缆绳，扯起风帆，欣欣地投入无垠的怀抱。他厌恶的是平安，自喜的是放纵与豪迈。无颜色的生涯，是他目中的荆棘；绝海与凶险，是他爱取自由的途径。他爱折玫瑰：为她的色香，亦为她冷酷的刺毒。他爱搏狂澜：为他的庄严与伟大，亦为他吞噬一切的天才，最是激发他探险与好奇的动机。他崇拜冲动：不可测，不可节，不可预逆，起，动，消歇皆在无形中，狂飙似的倏忽与猛烈与神秘。他崇拜斗争：从斗争中求剧烈的生命之意义，从斗争中求绝对的实在，在血染的战阵中，呼叫胜利之狂欢或歌致丧的哀曲。

94. 诗人也是一种痴鸟，他把他的柔软的心窝紧抵着蔷薇的花刺，口里不住地唱着星月的光辉与人类的希望，非到他的心血滴出来把白花染成大红他不住口。他的痛苦与快乐是浑成的一片。

第二辑　徐志摩的行

1. 在开智学堂上学期间，徐志摩的眼睛近视了，家里给配了眼镜。徐志摩第一次戴上眼镜，天已昏黑，在硖石泥城桥附近和一个朋友去走走路。徐志摩把眼镜试戴上去，仰头一望，异哉！好一个伟大蓝净不相熟的天，张着几千百只银光闪烁的"神眼"，一直穿过他的眼镜、眼睛直贯他灵府的深处，于是徐志摩不禁大叫道："好天，今天才恢复我眼睛的权利！"

2. 徐志摩出国留学，是先到的美国克拉克大学学习，毕业后，他进入哥伦比亚大学攻读硕士学位，那时第一次世界大战刚结束没多久，研究政治经济成为一种潮流，于是他也选修了这一门，过了不久，因为倾慕英国剑桥大学主讲政治学和国际关系的狄更生教授，便转学到剑桥去。狄更生教授在当时的国际关系学界是权威，在他的早期著述中，一部分论及东方文化和中国问题，无疑，徐志摩很崇拜他，而他也很赏识徐志摩。没过多久，二人便成为很好的朋友，在徐志摩学成归国之前，徐志摩将珍藏的一部康熙五十六年版《唐诗别裁》奉给教授，第一册的封页里面有徐志摩亲题的献言和赞辞一首，虽然字数寥寥，但含义颇深。赞辞部分是："举世扰扰众人醉，先生独似青人雪；高山雪，青且洁，我来西欧孰无睹，唯见君家心神折。"

3. 徐志摩在美国的生活和学习中，也被美国人民笼罩在当时战争的硝烟里的上下敌忾和爱国热忱深深影响，他觉得自己不仅要学好知识而且也要磨炼自己的意志。他不断奋斗，勤学自立。一方面广泛地学习，选修了很多课程，如社会学、心理学、商业管理、劳工问题、19世纪欧洲社会政治学等等，另外，还选修了法语、西班牙语等语言课。他还参加了国防训练团，每天按章程和同学一起携手并进，显示了中国留学生的气节。此外，他还尝试打工挣钱。就这样在克拉克大学里，他以优异的成绩毕业，获得了一等荣誉学士学位。

4. 在克拉克大学徐志摩加入学生陆军训练团接受军事训练，他的目的不是当美国兵，而是增强自己的体能和军事素质，激发自己的爱国热情。他和同寝室的几个同学一起制定了作息时间，早晨举行朝会，晚上合唱国歌。他和李济元等还与其他学校的中国留学生联谊，去哈佛参加在那边中国留学生组织的"国防会"。他在日记中这样写道："方是时也，天地为之开朗，风云为之茶色，以与此诚洁挚勇之爱国精神，相腾嬉而私慰。嗟呼！霸业永诅，民主无疆，战士之血流不诬矣！"

5. 1920年9月24日，徐志摩与刘叔和同船赴英，拟入英国剑桥大学研究院读博士。船过大西洋比斯开海湾的那天，天时骤然起了变化。岩片似的黑云一层层累叠在船的头顶，不漏一丝天光，海也整个翻了，这里一座高山，那边一个深谷，上腾的浪尖与下垂的云爪相互地纠拿着；风是从船的侧面来的，风夹着暴雨，船身忽左忽右地倾斜着，情况非常危急。这时候徐志摩跟刘叔和两人，在水泼的甲板上来回地滚着，太强烈的震动根本不能控制住，霎时间雷电也来了，铁青的云板里飞舞着万道金蛇，涛声与雷声混杂成一片，大西洋的险恶的威严在这风暴中尽情地显露出来。"人生，"志摩非常淡定地指给叔和说，"有时候还不止这凶险，我们有胆量进去吗？"糟糕的天气变化却激发了他们的谈兴，徐志摩与刘叔和从风起直到风定，从下午直到深夜，在沉酣的论辩中遗忘了一切。

6. 徐志摩的妻兄张君劢送他一本爱因斯坦写的《相对主义浅说》，告诉他，要是有时间，不妨研究一下。徐志摩在去伦敦的路上，先看了一遍，字是一个个都认得的，比喻也觉得很浅显，跟没有看差不了多少。他不着急，一则知道自己科学的根底本来极浅，二则知道爱因斯坦的学说原不是容易了解的东西。到了伦敦，他再看一遍，还是不懂。想到要懂总得请人指导，于是他问了许多人，大家都很客气，一样地说不懂。正好与徐志摩同住的，有位学工程的中国留学生，数学和物理学都很精通，徐志摩便向他请教："你看爱因斯坦的学理怎么样？""你要听他的可糟了，"此人气哼哼地说，"时间也不绝对了，地心吸力也变样儿了，那还成世界吗？"

碰了个钉子，徐志摩没有就此罢了，他倒发了狠，爱因斯坦的学理，无非是解释宇宙间的现象，牛顿的深浅阔狭，他多少理会一点，于是他自己不再请教人了，自己去翻书查找。他又看了几本书，翻了几篇杂志上的文章，结果可不能说完全失败，虽然由于缺乏高深的数学知识的缘故，不能了解爱氏"所以然"的道理，他至少知道了那是怎么一回事。

　　徐志摩大致懂了，便写成文章，寄回国内发表。这是一篇万字长文，刊登在研究系办的《改造》杂志上。后来徐志摩曾对梁思成说："任公先生的相对论的知识还是从我徐君志摩的大作上得来的呢，因为他说他看过许多关于爱因斯坦的哲学都未曾看懂，看到志摩的那篇才懂了。"

　　7. 徐志摩是个爱热闹的人，一到伦敦，就和留英的中国学生，还有来英国考察的中国学者熟识了。初入政治经济学院，就跟陈源（通伯）相识了。一天在饭厅里，徐志摩看到一个年轻的中国人，与他一起离美赴英的刘叔和对他说："那不是小陈吗？"再一次和陈源相遇，徐志摩就主动跟陈源打招呼，并说起共同认识的刘叔和。陈源后来以笔名西滢行世，连上姓就是陈西滢了。转年2月间，又结识了来英国考察战后欧洲政治的章士钊。后经陈西滢和章士钊介绍，他还结识了威尔斯、魏雷和卞因等英国著名作家和学者，其中与威尔斯交往最为密切。

8. 一天清晨，还没盥洗呢，徐志摩就坐在窗边写字，他打开窗子，放阳光进来，忽然看见门外停了一辆汽车，知道是来找他的，于是忙出门去看，只见陈西滢和章士钊两位走下车来，他立即向前招呼，并与他们一一握手。又看见汽车上有个司机对着他笑，弄得他莫名其妙。陈西滢说话很急，有点结巴，拉着他的胳膊说："这就是……"说了好久才说出："这就是威尔斯!"徐志摩听了，忙将威尔斯接下来，同入室内谈话。威尔斯说他很喜欢中国，很爱吃中国饭。两人志趣相投，很快就成了朋友。

过后不久，威尔斯约徐志摩到他那里去玩。徐志摩去了。到了车站，威尔斯的两个小孩来接站，他便跟着他们走。那一带净是树林，没有别的居民，可以算是威尔斯的所有了。那里有个华维克花园，他们一直走，后来看见一所房子，他知道是快到了。他看见威尔斯正背着手，低着头在一棵银柏下走来走去。两个孩子笑着指着父亲对徐志摩说："你看这位老哲学家又在那里不知想什么了呢!"

9. 在剑桥，节假日里的徐志摩最喜欢骑自行车闲逛，康河岸边的树林草地，河上的康桥、上游的拜伦潭、潭边的果树园、草坪上小憩的牛马们、天空中的云彩星星、流水行草等等，一切都让徐志摩陶醉于美好的大自然里，可以说，康桥的美唤起了徐志摩心中的灵性，让他苏醒，康桥的一切给了徐志摩新的洗礼，生命的蓬勃，自然的和谐，让徐志摩决定以爱的名字，表达自己的心声。

10. 最能看出徐志摩对生活的激情和他充溢的诗情的，该是这样一则发生在剑桥生活的事情。在 1922 年夏天的一个中午，徐志摩正在房里看书，每次见天象变化总跑来报告徐志摩的房东的小女孩列兰，跑来是说要打雷闪电了。徐志摩一看，窗外的天色果然已昏暗下来，阵阵尘埃在街上卷起，路上的行人都匆忙地奔走着，说时迟，那时快，雨点开始哗哗落下来。徐志摩跑到同学温源宁的宿舍，拉着正在看书的温源宁就要往外跑，说："我们快到桥上去等着！"温源宁一时不知怎么回事，便问道："这么大的雨，等什么？"徐志摩眼睛瞪得大大地说："等雨后彩虹呵！"温源宁表示，这么大的雨他不愿去，并劝徐志摩穿上雨衣再去。可没等他将话说完，徐志摩已一溜烟地又冲进了雨帘中。到校门口的时候，天几乎全黑下来，雷声轰隆隆地响，门房笑着说："呀，你到得真巧，再过一分钟，你准让阵雨漫透！"

"我正为要漫透来的！"徐志摩笑着回答。

站在校门外，徐志摩注目西方渐次扫荡开满天云锢的太阳，偶然转过身来，不禁失声惊叫。原来，从"校友居"正中直到河的左岸，已经筑起了一道鲜明的七彩虹桥。

11. 张幼仪和徐志摩一起住在沙士顿的日子里，徐志摩每天一吃完早饭就赶着出门理发，张幼仪猜想徐志摩这么早离开家一定和伦敦的女朋友有关系。后来，张幼仪才得知，徐志摩原来每天早上赶忙出去的确是因为要和住在伦敦的女朋友联络，他用理发铺对街的杂货铺当他的地址，那时伦敦和沙士顿之间的邮件送得很快，所以徐志摩和他的女朋友每天都可以鱼雁往返。他们信里写的是英文，目的就在于预防张幼仪碰巧发现那些信件，不过张幼仪从没发现过。

12. 在英国，徐志摩倍感欢喜于频繁的社交活动和自由的民主学术气氛，他结识了很多中国留学生朋友，比如傅斯年、郭裳虞、赵元任、刘半农等。他非常有幸认识了英国著名的作家威尔斯，不久，威尔斯把自己的好友魏雷先生介绍给徐志摩。这些著名人士与徐志摩的结识，对于徐志摩从事文学创作，加深对文学的认识起到了非常重要的作用。

13. 在即将离开英国之前，徐志摩于1922年7月在伦敦与英国女作家曼殊斐儿会见，他们谈了苏联文学和中国新文学运动的趋向。交谈中曼殊斐儿给徐志摩留下深刻的印象。1923年1月9日，年仅34岁的英国女作家曼殊斐儿逝世，徐志摩作诗《哀曼殊斐儿》，此诗可以看出他们由片刻促成的永恒的友谊；曼殊斐儿的作品由徐志摩译著成《曼殊斐儿小说集》，并编入《徐志摩文集》出版。

14.1922年3月，徐志摩和张幼仪在柏林离婚，11月还在国内发表了离婚通告，成为当时的头条新闻。徐志摩还写下《笑解烦恼结》一诗送给张幼仪，痛斥封建礼教后说："此去清风白日，自由道风景好。"

15.徐志摩从欧洲回国，乘坐的轮船是一艘日本远洋客货轮，船上仅有三间客舱，共六位旅客。徐志摩和五位旅客在一起生活了二十天，常常互相交谈。其中一位是来自英国的老牧师，他在船上经常不忘本职地讲一些耶稣道理。在到新加坡之前，乘客中的一人忽然悄悄地对徐志摩泄露了自己是贩卖毒品去中国的，也许是受到牧师的启发良心发现，他对徐志摩吐露了真情。徐志摩听后说："我们这条船下午三点就要起航直驶香港，你等我们开船后去往电报局拍一电报给香港海关检举这件事。我们船到香港时，香港海关一定会派人上船来检查破案，免得这批毒品去毒害中国人民。"……后来，《申报》上刊登了一条香港专电，报道了港海关在一艘日本货轮上破获一起贩毒案件一事。

16.徐志摩从英国留学归来没多久，陪父亲去南京参加成贤学舍举办的佛学大师讲学活动。徐志摩不是一个对佛学感兴趣的人，来南京只是为了陪父亲，到了南京，徐志摩得知自己的老师梁启超正好也在南京讲学，徐志摩便每天都去认真听老师的讲学。每天他很早就起床，按时去听课，每天都过得很充实。他住在成贤学舍的日子里，还完成了一篇论文《罗素与中国——读罗素〈中国问题〉》，由此可见，徐志摩是一个珍惜时间，刻苦奋斗的人。

17. 27 岁的徐志摩刚从欧洲游学回来，诗名满京都。清华文学社想请他来讲演。由于徐志摩与梁启超有师生之谊，梁实秋就委托同班好友、梁启超长子梁思成代邀徐志摩。正当秋令，水木清华风物灿然，徐志摩"飘然而至"，白白的面孔，长长的脸，鼻子很大，而下巴特长，穿着一件绸夹袍，加上一件小背心，缀着几颗闪闪发光的纽扣，足蹬一双黑缎皂鞋，风神潇散，旁若无人。他登台后，从怀里取出一卷稿纸，大约有六七张，用打字机打好的，然后坐下来开始宣读他的讲稿。在宣读之前，他解释说："我的讲题是'艺术与人生'（Art and Life），我要按照牛津的方式，宣读我的讲稿。"观众并没有准备听英语演讲，尤其没有准备听宣读讲稿。在牛津，学术讲演是宣读讲稿的，尤其是"诗学讲座"，像柏拉德来教授的讲演，那讲稿异常精彩，代表了多年的研究心得，讲完后即可汇集付印成书。但是在中国就不同了，尽管徐志摩的英语发音够标准，尽管听者的理解能力也不错，但是一般学校里尚无此习惯。那天听众期待的是轻松有趣的讲演，至少不是用英语宣读讲稿，所以讲演一开始，后排座位的听众便慢慢"开闸"。后来这篇讲稿经当时在北平逗留的郁达夫之手发表在《创造季刊》第二期上，还是英文的，内容很通俗，并没有学术研究的意味，实在不必用"牛津的方式"。无可置疑的是，这一回的演讲是失败的，但是徐志摩的这篇《艺术与人生》却值得回味。

18. 正值五四运动不久，新文化运动使各种文学团体和文学社团如雨后春笋，蓬勃发展。徐志摩的志向也在此，他勉力写作，四处投稿，他需要这样的时代，这个时代也需要他的才华。比如1923年1月至3月，徐志摩成功地在《努力周报》、《实事新报学灯》、《晨报副刊》等报刊上接连发表了许多诗文。比如《希望的埋葬》、《北方的冬天是冬天》、《就使打破了头，也要保持我们灵魂的自由》、《情死》、《教育中的自由》、《月下待杜鹃不来》、《哀曼殊斐儿》等。最吸引人们眼球的就是徐志摩的诗歌，他的诗歌清新脱俗，排列自由，尤其是他的《康桥再会吧》，这首诗的发表过程屡经坎坷——3月12日刊登一次，到了3月25日又刊登一次，开始的一次是排列成了连贯的散文，后来重刊又把原稿的篇幅搞乱了，直到第三次才修改清楚，也正是接连出错，让这首清新的小诗引起了广泛的注意，徐志摩也开始声名大振。

19. 徐志摩特别崇拜泰戈尔。他在剑桥的时候可能就已经听说过泰戈尔的名字，在他回国之后，他借讲学的名义最初想邀请狄更生和傅来义到中国讲学游览，但却没有成功，由于这样，讲学社的人乃转邀泰戈尔而由徐志摩主理一切。不讳言自己有强烈英雄崇拜的徐志摩对于这份负责联络的事务当然是全力以赴的。1923年7月26日，在给泰戈尔的信上说："我已答应了讲学社在你逗留中国期间充任你的旅伴和翻译，我认为这是莫大的殊荣。虽然自知力薄能渺，但我却因有幸获此良机，得以随侍世上一位伟大无比的人物而难禁内心的欢欣雀跃。"1924年4月泰戈尔来到中国，徐志摩不但随侍左右而且还陪着他到日本观光，之后一直送他到香港才殷殷道别。徐志摩对泰戈尔恭执弟子之礼，大获泰戈尔欢心，泰戈尔除了送他印度袍、印度帽以外，更赠他一个印度名字——素思玛（Susima）。

20. 徐志摩的眼光独到又前卫，单单拿徐志摩担任《晨报副刊》主编来说，原先的《晨报副刊》版式是普通的八开对折竖版，显得老气横秋，没有一点新意，从徐志摩主编开始，变成了横版并且改成了四开，用纸一样的情况下，版面增大，看上去新颖又时尚。除了版式新颖，《晨报副刊》在徐志摩手里就这样"活"了——内容广泛，涉及门类诸如政治、文学、艺术；栏目也是丰富多彩，有讲演、论著、诗歌、文艺等等。

在主编《晨报副刊》之时，大众的趣味、当时流行于副刊的"发表热"、副刊的销量似乎都不能影响徐志摩的独立的编辑原则，他决不允许任何"实利主义的重量完全压倒人的性灵的表现"。沈从文的作品在"志摩报"上的受宠便是一个表现。在第 50 期《晨报副刊》（1925 年 11 月）的《文艺》一栏中，沈从文一连发表了《市集》、《水车》（休芸芸）、《玫瑰九妹》（休芸芸）、《更夫阿韩》（休芸芸）、《瑞龙》、《野店》等 6 篇作品，而且，编辑徐志摩还特意在《市集》的正文后写了《志摩的欣赏》，赞赏《市集》是"多美丽、多生动的一幅乡村画"。当徐志摩知道沈从文的这个作品是重复登载时，他也敢冒办刊之大忌，潇洒待之："从文，不碍事，算是我们副刊转载的……复载值得读者们再读三读乃至四读五读的作品，我想这也应得比乱登的办法强些。下回再要没有好稿子，我想我要开始印《红楼梦》了！好在版权是不成问题的。"

21. 梁实秋和徐志摩早在 1922 年就结交，虽然彼此不能经常见面，也没有太多的接触，但是徐志摩有一件事给梁实秋留下了极大好感。当时，梁实秋受白璧德影响，一连写了好几篇抨击浪漫主义的论文，他虽明知"和志摩的文学作风不是同调"，但还是都直接投寄给了徐志摩所主编的《晨报副刊》，而徐志摩不以为忤，居然都给刊登了出来。对比当时另一些人的作风，梁实秋深有感慨，说："志摩及其一伙究竟是自由主义者，胸襟相当开阔，有相当容忍的器量，主张归主张，友谊归友谊。"

22. 徐志摩主办的新月社，举办过很多活动。比如新年年会、元宵灯谜会、中秋赏月会、古琴会、书画会、读书会等，这些活动里，徐志摩比较喜欢的就是朗诵会，沈从文就曾经记述过。沈从文说他自己头一次见到徐志摩就是在北京松树胡同新月社的院子里，当时徐志摩正兴致勃勃地在客人面前读自己的新作。那时正是秋天，沿着墙壁爬山虎的叶子五彩斑斓，鲜明照眼，徐志摩就坐在墙边的石头凳子上朗诵诗，院子里的其他人都仔细地听着。

23. 1925年7月，在欧洲漫游的徐志摩，又一次来到英国。通过狄更生的引荐，他才得以拜见他极为崇拜的作家哈代。这次见面的时间也不长，前后不到一个小时，但徐志摩称"在余小子已算是莫大的荣幸"。哈代是个小个子老头，头顶全秃了，脸盘粗看像是一个三角形，徐志摩说他不曾见过这样耐人寻味的脸。坐在这样的怪老头面前，徐志摩还来不及开口，就迎来了哈代连珠炮式的发问："你是伦敦来的？""狄更生是你朋友？""他好？""你译我的诗？"这些问话是不需要回答的，老头也不等徐志摩回答，一直问到最后才收口。"你们中国诗用韵不用?"徐志摩回答："我们从前只有韵的散文，没有无韵的诗，但最近——"不等他说完，哈代就说赞成用韵。谈着谈着，哈代又突然提了个奇怪的问题："你们的文字是怎么一回事? 难极了不是? 为什么你们不丢了它，改用英文或法文，不方便吗?"哈代的话把徐志摩骇住了，一个认识各种语言的大诗人竟然让中国人丢了自己的语言，这怎么行! 两人还为此争辩了一会儿，幸亏哈代没有坚持。哈代不仅古怪，还很吝啬，谈了一个小时，连一盅茶也没请客人喝，但徐志摩还是觉得非常知足了。

24. 徐志摩在光华大学，主要任职于英国文学系，讲授的课程都是有关英美文学的。他开的课学生都爱选听。他当时的得意学生之一赵家璧曾生动地回忆过当年徐志摩给学生上课时的情景："他踏进课堂，总是把隐藏在他长袍袖底的烟蒂偷偷地吸了最后一口，向门角一丢，就开始给我们谈开了。他有说，有笑，有表情，有动作；时而用带浙江音的普通话，时而用流利的英语。真像是一团火，把每个同学的心都照亮了，他的教学法不同一般，他教英国散文、诗、小说都没有指定的课本，也不是按部就班地教，而是选他自己最欣赏的具有代表性的作品念给我们听，一边讲课文，一边就海阔天空地表达他自己的思想，我们这批青年就好像跟了他去遨游天上人间，从而启发我们闯入文学艺术的广阔天地……他确是一个具有赤子之心的好老师。"

25. 在1928年8月10日，《新月》月刊创刊。徐志摩对《新月》抱有的态度是"独立"，独立于政治，是一种对纯文学的追求。《新月》的主编没有固定，主编的思想理念对于刊物的面貌起着很重要的作用，自第2卷第2号起，编辑者变成梁实秋、叶公超、饶孟侃、潘光旦和徐志摩，徐志摩的名字被排在了最后，徐志摩在《新月》的位置逐渐边缘化，他一直坚持的《新月的态度》的主张纯文学路线没有得到坚持，《新月》离政治越来越近，偏离了文艺。他基于这样的情形，在1929年7月辞去了编辑的职务。

26. 徐志摩和陆小曼在上海的生活没有想象中的那么幸福和欢乐，徐志摩的心情是压抑的，沮丧的，让他能够开心一点的是青年诗友陈梦家来访。没有说什么嘘寒问暖的套话，没有说什么天南地北的闲白，陈梦家开宗明义地告诉徐志摩他和一些诗友们想再办一个诗刊，希望徐志摩出面牵头和主持，徐志摩听说后，眼睛陡然亮了："好，好极了！"接着他还说："《晨报》的诗刊，出了十一期，因为急着要搞剧刊，停掉了……《新月》现在已经变质了，变得火药味十足，再也不见缪斯的影子了！好，我们再来办一个新的诗刊!"于是徐志摩很快就联系了自己的旧友们商量约稿之事，他还在《新月》上刊登诗刊的预告，为《诗刊》的创刊作了很大努力，终于在 1931 年 1 月 20 日，《诗刊》迎来了首期。

27. 徐志摩喜欢自然，他教授的课堂也经常是在大自然中，他喜欢靠在一棵老槐树下讲课，学生们挨个坐下，听他讲述那些莎士比亚、雪莱、拜伦、波特莱尔、曼殊斐儿等的故事，他的课程没有固定的教材，都是他自己精心挑选一些他喜欢的适合学生们接受的内容。一边和学生们学习知识，一边领悟自然的魅力，徐志摩此刻是舒服的，他暂时可以放下心中的包裹。

28. 沈从文是徐志摩家的常客，来去随便，熟不拘礼。一次，徐志摩、陆小曼夫妇看出沈从文脸色忧郁，好像压抑着某种激烈的情绪，通过询问得知友人胡也频秘密参加了共产党被当局逮捕了，徐志摩非常气愤地说道："胡君是个正派人，有才华的青年。参加什么党，这是他的政治信仰，我不管，但是，政府这样乱捕人，我是愤慨的!"接着，他写了一封信托沈从文交给子民先生和吴经熊，请他们稍作斡旋并建议沈从文去找胡适之先生帮忙。沈从文告辞出去，他送到后门口；瞧着沈从文的背影，他又把沈从文喊回来，再三嘱咐："还有什么困难，可以再来商量。只要我力之所及，我总要帮忙的……"胡也频最终还是被枪毙了。消息传来，徐志摩脸色铁青，话都说不出来。沈从文告诉他，胡也频的伴侣丁玲女士产儿不久，身体尚未复原，遭此不幸，精神刺激固不待言，连生活都难以为继了。徐志摩马上站起来，口里连连说："我来想想办法，我来想想办法……我来想想办法……"过了一会儿，他猛然一拍掌，"有了！丁玲女士手头还有什么本发表过的文稿吗？我拿到中华书局去试试看。"在徐志摩的力荐下，中华书局买下了丁玲的一篇稿子，但是得款甚微。徐志摩再和陆小曼商量。陆小曼倾囊相助，也为数寥寥。徐志摩犯愁了。后来他听了陆小曼的建议去找友人邵洵美借了一笔款子，有力地帮助了需要帮助的丁玲。

29. 在上海的时候，有一天晚上，徐志摩拿着一根纸烟，向朋友梁遇春点燃的纸烟取火，他灵机一动，说这个动作叫 Kissing the fire（吻火）。

第三辑　徐志摩大事记

飞扬的性情：徐志摩与生命中的三个女人

徐志摩的一生是追寻爱的一生，他的诗意就产生于寻爱的路上，他的浪漫情怀和不羁洒脱的个性，是超越凡俗的，他穷尽一生的对自由的追求，是永远纯粹的。匆匆岁月里，徐志摩经历了三段感情，他的生命中，离不开张幼仪、林徽因、陆小曼这三个女人，正是这三个女人的存在促成了诗人徐志摩多彩的一生。

媒妁婚姻：徐志摩与前妻张幼仪

1913 年，徐志摩就读于杭州府中学堂，他的才华被给兴武将军督理浙江军劳朱瑞当秘书的张嘉璈所赏识，于是托人向徐家提亲，希望徐志摩能与自己的胞妹张幼仪结为夫妻。这一年，徐志摩 16 岁，张幼仪 13 岁。

张家是上海宝山一带的名门望族，张幼仪的父亲张祖泽是当地名声显赫的医生，她的兄弟姐妹一行一共 12 人，幼仪排行第八，她的二哥张嘉森是宪法学家，是《中华民国宪法》的主要起草者，曾任中国民主社会党主席；她的四哥也就是张嘉璈，是著名的金融家，曾任中国银行总经理。徐志摩的父亲徐申如认识到张家这样的金融界、政界背景对于徐家以后的产业发展和前途来说是非常重要的，于是徐申如很快就答应了这门婚事。

据张幼仪后来回忆，她的四哥在一天回家后得意扬扬地对她说为她找寻了一位好夫婿，四哥夸赞徐志摩写的《论小说与社会之关系》气魄宏伟，将梁启超的文笔模仿得惟妙惟肖，张幼仪对于自己未来的丈夫，好感和崇敬之心油然而生。然而，关于订婚之事，徐志摩并不十分乐意，他碍于父母的意愿或者是出于张家的声势对于徐家的重要性才被迫答应这门婚事。

1915 年 10 月，徐志摩与张幼仪在硖石商会举行了隆重的婚礼。这场婚礼是一次时髦的新式婚礼，徐申如把各行各界的名流大亨邀请到商会，把商会布置得五彩缤纷，婚礼的置办豪华奢侈而且非常浩大。张家的嫁妆更是精心又别致，据说张家为了买到称心如意的嫁妆，特意派人去欧洲采购，并且派张幼仪的六哥随行监督，体积庞大的嫁妆已经无法用车马运行，只能从上海用货船送到硖石去。

新婚燕尔，张幼仪辍学，在硖石的徐家侍奉公婆，帮助徐申如管理产业。徐志摩早在一年前就考入北京大学预科，婚后没过多久，他便继续回到北京上学。

1918 年对于徐志摩来说是一个非常重要的一年，这一年，徐志摩与张幼仪的宝宝阿欢（徐积锴）出生了，初为人父的徐志摩倍感欣喜；这一年，徐志摩仰慕已久的梁启超先生同意收他为徒，让徐志摩的心灵得到了一次洗礼；通过梁启超先生的启发和建议，徐志摩争取到去美国留学的机会。

徐志摩远赴美国后又辗转去了英国，在英国的徐志摩没有见到心慕已久的罗素，加之追求林徽因而得不到对方明朗的回应，于是他致电父亲请求其允许让张幼仪来英国伴读。1920 年冬，张幼仪赴英与徐志摩团聚，一时间，徐志摩感到了家的温暖，然而这样安定平淡的生活很快就让徐志摩感到厌倦，他的精神开始萎靡，整天像丢了魂一样。当时，他常去林长民的家里做客，说是做客，不如说是去找寻林徽因的美丽笑容和快活的言语，她的笑容和言语就是他最好的解药。为了爱，徐志摩开始思量是否该结束与张幼仪的婚姻还是斩断与林徽因的情意悱恻，进退两难之中，张幼仪知道了徐志摩和林徽因的事。

1921 年春天的一个上午，张幼仪收到了林徽因写给徐志摩的"急件"，徐志摩恰好不在，于是张幼仪便打开读了起来，林徽因的信里大致写着要徐志摩冷静思考他们两个人的关系，需要一段时间的分别。如果爱张幼仪，那么应该早点退出这场爱情的游戏；如果的确和张幼仪没有爱，那么应该离婚后再考虑他们的问题，只有这样才公平。徐志摩回到家，见到满脸泪痕的张幼仪，徐志摩看了信，起初很慌张，但很快他就理智下来，他觉得是时候和张幼仪摊牌了，他提出跟张幼仪离婚。徐志摩提出的离婚理由是两个人是父母之命、媒妁之言，包办婚姻组织出来的家庭没有真爱，勉强凑合在一起不如分开给双方自由，去寻找各自的真爱。

谈离婚的事情没有结果，没过多久，张幼仪提出要去德国留学，她思考着也许分开能让丈夫回心转意。1921 年，徐志摩送已经怀孕的张幼仪去德国柏林留学，之后自己回到伦敦。1922 年 2 月 24 日，徐志摩的次子彼得在柏林出生，同年 3 月，在吴径熊、金岳霖的作证下，徐志摩与张幼仪正式离婚。

办完离婚这件重要的事情，徐志摩满心欢喜地回到了英国剑桥，却意外地发现林徽因早已陪同父亲回国了。很快徐志摩决定追随林徽因的脚步，离开了英国，告别海外留学的日子，乘轮船回到了祖国。

徐志摩与张幼仪离婚的事情让父亲徐申如非常不满意，他的恩师梁启超先生也表示反对，他还特意写信批评徐志摩："若沉迷于不可必得之梦境，挫折数次，生意尽矣，郁悒侘傺以死，死为无名。死犹可也，最可畏者，不死不生而堕落至不复能自拔。呜呼志摩，可无惧耶！可无惧耶！"梁启超的批评，本想起到敲山震虎的作用，没想到徐志摩的回信让梁启超如芒刺在背："我之甘冒世之不韪，竭全力以斗者，非特求免凶惨之苦痛，实求良心之安顿，求人格之确立，求灵魂之救度耳。人谁不求庸德？人谁不安现成？人谁不畏艰险？然且有突围而出者，夫岂得至而然哉？"

离婚后的张幼仪经营着云裳服装公司，接办女子储备银行，在徐志摩去世后，抚养儿子成人。1974 年迁往美国和儿子一家一起生活。张幼仪促成了台湾版的《徐志摩全集》出版，这是最早的一套徐志摩全集，另外向侄孙女叙述自己的身世，完成了个人传记《小脚与西服》，这本英文原著于1966 年在美国出版。在 2012 年 6 月 4 日举行的 "2012 中国济南徐志摩研讨会"上，专程从美国赶来的徐志摩长孙徐善曾及家人参加了这次研讨会，徐善曾在发言中指出，他的祖母张幼仪从未在家人和晚辈面前说过一句诋毁徐志摩的话，他们都深深敬爱祖母和祖父。笔者作为本次会议的主办方首都师范大学中国诗歌研究中心的一员，参加并主持了一场研讨，深深为徐志摩后代对祖父的追忆和崇拜而感动，徐志摩在天之灵，心应有安。

诗魂波涌的爱恋：徐志摩与林徽因

1920 年，徐志摩在英国结识了林长民和他的女儿林徽因。林长民比徐志摩整整大了 20 岁，37 岁的林长民就已经当上了中华民国众议院秘书长，1917 年和梁启超一起入阁，担任司法部长。初遇徐志摩时，林长民刚刚被推举为国际联盟同志会理事。林长民有着"清奇的相貌"、"清奇的谈吐"，他落拓不羁、不拘一格的名士派头与徐志摩洒脱自然的个性非常吻合，于是两个人很快便结交了友谊，这样徐志摩有缘认识了林徽因。

初见林徽因，他就疯狂地爱上了 16 岁美貌如花，纯净透亮，蕙心兰质的她。林徽因对于徐志摩的热情追求，也芳心触动，她曾在 1936 年写了《蛛丝和梅花》，记起当初离开伦敦时的心绪——"这不是初恋，是未恋，正自觉'解看花意'的时代……十六岁时，微风零乱，不颓废，不空虚，惦着理想的脚充满希望……"可见林徽因对于徐志摩也产生了缥缈的情丝，在时间的轮回和振荡中情感时起时伏。

徐志摩对于林徽因的爱恋，除了林徽因对其有着不可抗拒的吸引力以外，还有康桥的自由灵动给予了徐志摩心智的启发，要他成为一个更加追求爱、自由和美的人："我这一辈子就只那一春，说也可怜，算是不曾虚度、就只那一春，我的生活是自然的，是真愉快的！我那时有的是闲暇，有的是自由，有的是单独的机会。说也奇怪，竟像是第一次，我辨认了星月的光明，草的青，花的香，流水的殷勤……"

正是在康桥的日子里，徐志摩的诗情如山洪暴发，"不分方向的乱冲"。风花雪月，才子佳人，浪漫性情浓烈地成就了中国现代文学史上不可多得的天才诗人。"整十年我吹着了一阵奇异的风，也许照着了什么奇异的月色，从此起我的思想就倾向于分行的书写。一份深刻的忧郁占定了我；这忧郁，我信，竟于渐渐的潜化了我的气质。"

1921 年 6 月，林长民奔赴欧洲大陆，林徽因独居伦敦。徐志摩苦于家中妻子张幼仪的无趣，心思完全都放在林徽因的身上，经常和林徽因通信，只要有机会便会去约见林徽因。在一个月色朦胧的晚上，徐志摩和林徽因沿着石板小路缓缓散步，伦敦浓重的雾气笼罩在两个相爱的人身上，两人一边散步，一边谈天说地，交谈着自己喜欢的诗文，徐志摩在林徽因面前就像个快乐无比的大孩子一样，诉说自己的情怀抱负，林徽因也深深地沉浸在徐志摩的浪漫气息中。

徐志摩为了和林徽因在一起，毅然地远去德国和妻子张幼仪离婚，当他办好离婚回到英国时，林徽因竟已在几个月前和父亲回国了，他的相思之情浓烈，匆匆地也追随林的脚步，结束了留学回到了祖国。

1922 年，徐志摩来到北京，得知情况有变，林徽因和自己老师的儿子梁思成正在议婚，他非常苦恼却不曾放弃："我将于茫茫人海中访我唯一灵魂之伴侣；得之，我幸；不得，我命，如此而已……我尝奋我灵魂之精髓，以凝成一理想之明珠，涵之以热满之心血，朗照我深奥之灵府。而庸俗忌之嫉之，辄欲麻木其灵魂，捣碎其理想，杀灭其希望，污毁其纯洁！我之不流入堕落，流入庸懦，流入卑污，其几亦微矣！"

徐志摩在一个周末来到梁启超的办公地点北海公园的快雪堂，他知道在这里能找到林徽因。人到门前，他停下了脚步，因为门上贴上了一张令人痛心的纸条：Lovers want to be left alone.（情人不愿被打扰。）徐志摩火热的心霎时间被泼了一盆冰水，他深知自己离婚一事在北京已经传得沸沸扬扬，他困惑于自己追求的理想世界和现实生活的差距，他慢慢理解了林徽因放弃自己选择了梁思成，如果说爱情是纯粹的，那么婚姻就是实际的；如果说爱情是盲目的，那么婚姻就是清醒的。

徐志摩在北京的日子里，不断地为自己的事业专心奋斗着，他在老师梁启超的帮助和精心安排下来到石虎胡同的七号院松坡图书馆居住，任该馆英文干事。徐志摩整日沉浸在忙碌而充实的工作和社会活动中。为了迎接著名的诗人泰戈尔的到来，徐志摩挂起了"新月社"的牌子，从此开启了对人生的、对于中国新文学史具有重要意义的新篇章。

成立新月社后的一项重要任务，就是接待诗翁泰戈尔。在徐志摩与林徽因一起接待泰戈尔的日子里，两个人出入相随，形影不离，一起为泰戈尔做陪同和翻译，时人赞誉他们三个人站在一起拍的照片，如松、竹、梅。当时，徐志摩心中的爱火旺盛地燃烧着，可是林徽因的眼神里不曾流露什么爱的信号，相反却是让徐志摩黯然销魂，只有不舍地道别。5月20日，徐志摩陪同泰戈尔乘火车去山西太原，一路上火车奔驰而过，外面茫茫的一片平原如同徐志摩心里永恒的悲伤，因为正是前几日，林徽因正式告诉徐志摩，她要和梁思成一起去美国留学，不能做他的妻子。徐志摩在《在那山道旁》中痛苦写下了自己的忧郁：

"我咽住了我的话，低下了我的头：火灼与冰激在我的心胸间回荡，啊，我认识了我的命运，她的忧愁，——在这浓雾里，在这凄清的道旁！"

1925年，林徽因和梁思成在美国无忧无虑的学习和生活里突然出了一件意想不到的事，林长民在战事中被流弹击中，不幸去世。林徽因非常伤心，徐志摩在悼念林长民的文章中曾写道："她，你曾经对我说，是你唯一的知己；你，她也曾对我说，是她唯一的知己。你们这父女不是寻常的父女。"一语中的，写出了林家父女的情深和知己之感。

1927年，林徽因和梁思成订婚，1928年两人在加拿大完婚。林徽因收到很多来自徐志摩的信和诗，但是多数都被林徽因销毁了。林徽因写过一首诗《别丢掉》，就是写她和徐志摩的恋爱的：

"别丢掉，

这一把过往的热情。

现在流水似的，

轻轻

在幽冷的山泉底，

在黑夜，在松林，

叹息似的渺茫，

你仍要保存着那真！

……"

1931年，徐志摩不幸因飞机失事结束了其短暂的一生。林徽因忍着巨大的悲痛写下了《悼志摩》以及其后写下的《纪念志摩去世四周年》。她以独特的感情经历和独到的细腻笔触，点染了徐志摩给大家留下的最后光辉，她怀念徐志摩，怀念昔日的恋人，怀念一生的知己。

应该说，徐志摩对林徽因的影响是巨大的，如果没有徐志摩，林徽因是不会搞文学的。反过来也可以说，没有林徽因，也不会有中国现代文学史上一颗闪耀的明星徐志摩。恋情是一个人的私事，但是放到徐志摩这里，就不单单是私事了，对于这样一位有才华的大诗人大作家而言，和林徽因的恋情是他重要的人生经历，是其短暂一生的一个重要节点，这段恋情深深地影响了徐志摩的艺术成就和人生轨迹。

天若有情：徐志摩与陆小曼

在北京的日子里，率性洒脱的徐志摩结识了很多朋友，他在忙碌的工作和应酬之间忙得不亦乐乎，希望在北京的文艺界大展身手，也就是在这样的时候，徐志摩认识了陆小曼。

一次，在北京六国饭店举行的舞会上，徐志摩经过朋友刘海粟的介绍，认识了师兄王庚的妻子陆小曼。徐志摩见到这位聪慧美丽、多才多艺的女子，不由得心生好感，邀请陆小曼一起跳舞。两人在舞池中一边随着音乐的节奏旋转着，一边交谈，开始互相了解。

陆小曼，名眉，是江苏人，当时年仅 22 岁，是北京交际场合的大明星。陆家家学渊源，陆小曼从小就学习琴棋书画，精通英文、法文。不仅如此，陆小曼的作画、唱京戏在北京可谓是数一数二，陆小曼也是位有才情的女子，她的文笔细腻清新，颇有戏剧韵味。陆小曼在 17 岁时，奉父母之命嫁给了比自己大 7 岁的王庚。两人婚后的生活并不愉快，王庚总是忙于工作，要么忙于读书，没有时间和精力陪陆小曼玩乐。为了忘掉内心的不快乐，陆小曼沉浸在热闹喧哗的交际场合中。

徐志摩是一个兴趣广泛，各项娱乐都是能手的人，他隔三岔五地来王庚家，约陆小曼一起出去游玩。王庚也没有在意过徐志摩和陆小曼越来越不正常的关系，他甚至有时在陆小曼无聊埋怨他不能陪伴她时，建议她去找徐志摩玩。两个人接触的机会日渐增多，他们一起参加演出京剧《春香闹学》，徐志摩饰老学究，陆小曼饰丫鬟，两个人彼此配合默契，一场京剧下来，两个人的关系更加亲密无间。沉浸在和陆小曼甜蜜的爱情中，徐志摩如有神助地创作了很多美妙诗篇，比如《春的投生》、《我有一个恋爱》、《多谢天！》等。

徐志摩与陆小曼的恋情很快就在北京的文化圈内传开了。陆小曼的丈夫王庚也知道了。此时，徐志摩正好接到友人恩厚之的来信有机会出国拜访，于是他借此出国躲避风头。徐志摩临行前深情地对陆小曼进行了一次爱的表白，他说："我将继续大胆的承受你的爱，珍重你的爱，永保你的爱。我如其凭爱的恩惠，还能从性灵里放射出一丝一缕的光亮，这光亮全是你的……你这样一朵稀有的奇葩，决不是为一对庸俗的父母，为一个庸儒残忍的丈夫牺牲来的。你对上帝有责任；你对自己负有责任；尤其你对你发现的爱负有责任……别让消极的意念压迫你，只要你抱定主意往前走，决不会走过头，前面有人等着你。"

为了爱，徐志摩离开北京独自远行。在欧洲，徐志摩恢复了神气，他的信心饱满，他决定再次为了追寻爱，回到陆小曼的身边，他在给陆小曼的信中说道："来，我的爱！快宣告你的决定，让我们的爱获胜；我们不能总是受委屈，蒙羞辱。……要不然我们怎么对得起我们灵魂的上帝！是的，曼，我已经决定了，跳入油锅，上火焰山，我也得把我爱你洁净的灵魂与洁净的身子拉出来。我不敢说，我有办法解救你，救你就是救我自己……再不容迟疑，爱，动手吧！"

徐志摩的一片真情打动了陆小曼，她决定和王庚离婚，经过全力而艰难的争取，她最终得以和王庚离婚，离婚手续在上海办理。陆小曼离婚后回到北京找徐志摩，和徐志摩一起租了一个院子，在这个院子里徐志摩和陆小曼一起组织过很多次新月社朋友们的聚会。另一面，徐志摩的父亲因为徐志摩和张幼仪的离婚，以及徐志摩又爱上有夫之妇非常气愤，关系一度很僵，徐志摩为了自己心爱的女人，冲破了这些阻挠，和陆小曼在北京北海公园完成了婚礼。

徐志摩和陆小曼在 1926 年 8 月 14 日订婚，这一天恰巧是农历七夕乞巧节。10 月 3 日，他们在北海公园的画舫斋举行结婚典礼。梁启超作证婚人，他声色俱厉地来了一番训话，语气生硬，叫在场的人都很替徐志摩和陆小曼难受，他在证婚词的最后说："徐志摩，你是一个天资极高的人，这几年来只因你生活上的不安，所以亲友师长对于你也能相当的原谅。这次结婚以后，生活上总可以算是安了，你得要尽力做你应当做的事。陆小曼，你此后可不能再分他的心，阻碍他的工作。你是有一种极大的责任，至少对于我证婚人梁启超有一种责任。"

婚后，徐志摩和陆小曼离开北京，在上海居住，后来两人又回了硖石老家。在硖石老家，陆小曼的行为举止让徐家老太太以及徐志摩的父母很是不满，再加上张幼仪虽与徐志摩离婚，但是徐申如以干女儿的身份留她在徐家管理徐家企业，不认陆小曼这个新儿媳，这让陆小曼感到很没面子，正当战事影响，徐志摩和陆小曼决定去上海。

　　来到上海的徐志摩，早就没有了父亲的资助，经济情况越来越糟糕。无奈之下，徐志摩为养家糊口，过上了跑好几所大学当教书匠的日子，同时他着手和新月同人们操办新月书店以及日后编辑《新月》。陆小曼这边，忙于演出戏剧，在上海混得如鱼得水。在上海的戏剧组织活动中，大家都争先恐后地邀请陆小曼，陆小曼的名气一直高涨，她的戏总是用来压轴。陆小曼在上海认识了很多朋友，其中就有江小鹤、翁瑞午。这二人也都是世家子弟，腰缠万贯同时又热爱文艺。陆小曼的身体不好，翁瑞午会推拿，经常给陆小曼进行理疗。

　　陆小曼在上海的生活非常奢侈，平日家里有私人汽车，有司机、厨师、男仆、贴身的丫头，不仅这些，陆小曼还吸上了大烟，每天垂着窗帘，白天当晚上，一到夜里全家上下灯火辉煌。徐志摩看着陆小曼仰在床上悠悠地抽大烟非常气愤。陆小曼这样的生活，也许是来自陆小曼内心与张幼仪的抗衡，也许是因为婚后的生活并不能让她得到精神的满足。

徐志摩见陆小曼每日花钱没数，任性娇惯，而陆小曼吸上大烟后更让他觉得妻子陆小曼堕落了，他没有被上海的纸醉金迷倾倒，但是妻子的萎靡不振让他感到不安，徐志摩忙于工作挣钱，每个月挣的大洋对于一般奢侈足矣然，却依旧不够陆小曼的花销。就连陆小曼的母亲都说，陆小曼有时一次买 5 双皮鞋，每月至少花 500 大洋，这个家实在难当。

一方面家庭花销太大让徐志摩痛苦不堪，另一方面陆小曼与翁瑞午的暧昧关系也一直让徐志摩更加困惑，徐志摩曾写过这样的一些话，足以见得当时徐志摩焦虑和无奈的心情：

"爱的出发点不定是身体，但爱到了身体就到了顶点。厌恶的出发点，也不一定是身体，但厌恶到了身体就到了顶点……最容易最难化的是一样东西——女人的心……"

在这样的痛苦纠结下，徐志摩决定前往欧洲散心。1928年 6 月，徐志摩和好友王文伯一同登上了轮船前往日本，然后横跨太平洋去了美国，又从美国转到欧洲，回来的路上还去了印度看望了泰戈尔。一路上徐志摩不断地给陆小曼写信，一边诉说自己的旅途事情，一边劝陆小曼不要萎靡要振奋起来。徐志摩是一个积极向上的诗人，他从来不曾颓废过，在异国他乡，他多次想争取机会留下来并且希望能够把陆小曼接来一起生活，然而这样的想法没有能够实现。几个月后，徐志摩带着一份憧憬回到上海，他本以为上海会变，陆小曼会变，然而回来发现一切还都是自己走时的样子，没有丝毫的生机，依旧是陷在生活花销的窟窿里。外人见到的徐志摩依旧是欢趣盎然，但是在他的心头，如同黄连的苦，慢慢渗透，从皮肤表层一点点渗透进每一个细胞，这个苦又如同陆小曼的烟瘾，慢慢地损耗着一副年轻的身心。

由于一些原因，徐志摩被上海的光华大学辞退了，他决定联系胡适回北平教书，他不能再在上海的环境下待下去了，他想和陆小曼暂时分开一阵，让自己喘口气。11 月初，陆小曼催促徐志摩南返，徐志摩在北京也是迫于经济拮据，于 11 号搭乘张学良的飞机飞抵南京，然后在南京给学生上完课后赶车回到上海。13 日晚上徐志摩回到上海，一进家门，徐志摩就与陆小曼因为家庭开销吵嚷起来，徐志摩出走，在朋友家里住了一夜之后，搭乘邮政飞机飞往北京，就这样，不幸发生了……

徐志摩的意外去世，使陆小曼在堕落中逐渐清醒，她在后半生的悔痛中思念着徐志摩：

"多少前未成噩梦，五载哀欢，匆匆永诀，天道复奚论，欲死未能因母老；万千别恨向谁言，一身愁病，渺渺离魂，人间应不久，遗文编就答君心。"

新月社的灵魂 "新月派" 的盟主

　　人们看待徐志摩及其创作总把他与"新月派"连在一起，认定他为"新月派"的代表作家，称他为"新月派"的"盟主"，这是因为从新月社的成立及至"新月派"的形成和它的主要活动（尤其是文学方面的活动），徐志摩都在其中起着主角的作用，他确实是"新月派"的代表人物、是核心的领袖，他的创作体现了"新月派"的鲜明特征，这也是徐志摩在现代文学史上的重要贡献之一。

　　从成立新月社到逐步形成一个文学流派，"新月派"——中国现代文学史乃至文化史上的一个极具影响力的文化社团，这中间，历时约十年，徐志摩始终在其中起着重要的作用。

新月社的由来

　　1923 年春，徐志摩在北京办起了俱乐部，编戏演戏，逢年过节举行年会、灯会，也有吟诗作画。徐志摩出于对印度诗人泰戈尔一本诗集《新月集》的兴趣，提名借用

"新月"二字为社名，新月社便因此而得名。1924 年的一天，徐志摩在自己住的石虎胡同的七号院门口墙上挂了一个牌子，牌子上写着响当当的三个字：新月社。创建新月社是徐志摩对中国新文学史的一大贡献之一，新月社是中国文化史上影响力重大的一个社团，徐志摩则是新月社的主要人物。

新月社的名字，是由泰戈尔的《新月集》发展而来，新月社的成立和泰戈尔来华访问有着直接而重要的关联。新月社的创建和发展，用徐志摩自己的话来说"最初是'聚餐会'，从聚餐会产生新月社，又从新月社产生'七号'俱乐部"。新月社早期由聚餐会发展来的俱乐部的成员，有的是诗人，有的是学者，有的是银行界人士。总体来说，多是以"研究系"成员与一些留学欧美的知识分子为主的精英团体，比如梁启超、林长民、蒋百里、张君劢、胡适、徐志摩、陈博生、陈西滢、丁西林、林语堂等，还有一些是银行家之类的阔人，像黄子美、徐申如等。

新月社主要分前期和后期，前期主要围绕新月社俱乐部展开，后期则以新月书店以及《新月》刊物为依托。从 1924 年 3 月到 1926 年 10 月，也就是说从新月社开始命名到徐志摩与陆小曼结婚后南下，这段时间是新月社的鼎盛时期。

接待"诗翁"与新月社的创建

罗宾德拉纳特·泰戈尔是印度著名的诗人、哲学家，他是第一位获得诺贝尔文学奖的亚洲人。泰戈尔的诗在印度享有史诗的地位，代表作有《吉檀迦利》、《飞鸟集》。早在1923年，徐志摩归国以后不久，就接待了泰戈尔的助手恩厚之，得知泰戈尔有意访华，徐志摩非常兴奋，他从来都是一个崇拜伟人的人，泰戈尔的名气在当时已经引起了很多中国人士的关注，他想要更好地传播中国学界对泰戈尔的认识，以便能够促成泰戈尔访华。徐志摩将泰戈尔有意访华的事情讲给讲学社，让讲学社作为邀请方，并向泰戈尔发出邀请，徐志摩负责接待、陪同以及翻译的工作。

泰戈尔接受了邀请，一时间中国的很多报刊纷纷地刊载泰戈尔的消息，欢迎泰戈尔来华访问的欢迎类文章频频涌现。徐志摩写了三篇《泰山日出》、《泰戈尔来华》、《泰戈尔来华的确期》。徐志摩对泰戈尔访华的热情相当的浓厚，特别是对泰戈尔的人格进行了无比的夸赞，他在《泰戈尔来华》中谈道："泰戈尔在世界文学中，究占如何位置，我们此时还不能定，他的诗是否可算独立的贡献，他的思想是否可以代表印族复兴之潜流，他的哲学是否有独到的境界——这些问题，我们没有回答的能力。但有一事我们敢断言肯定的。就是他不朽的人格。他的诗歌，他的思想，他的一切，都有遭遗忘与失时之可能，但他一生热奋的生涯所养成的人格，却是我们不易磨翳的纪念。所以他这回来华，我个人最大的盼望，不在推广他诗艺的影响，不在传说他宗教的哲学的乃至于玄学的思想，而在他可爱的人格，给我们见得到他的青年，一个伟大深入的神感……"由此可见，徐志摩非常佩服泰戈尔的博爱坚韧、追求自由与美好的那份心境。

1924年4月12日，泰戈尔乘"热田丸"号抵达上海，徐志摩早早就在上海和其他负责接待人员一起等候泰戈尔的到来，随后陪泰戈尔到上海、南京、济南等地做演讲。泰戈尔非常喜欢徐志摩，二人沟通起来非常的欢愉，徐志摩诗意大发，陪同泰戈尔在杭州游玩的一个晚上，他们坐在海棠花下，通宵作诗。4月23日，徐志摩陪泰戈尔一行坐火车来到北京，泰戈尔在北京又做了六场演讲，都由徐志摩陪同并进行翻译，当然在北京还有另一位助手那就是林徽因。

泰戈尔来华访问非常辛苦，年纪大了身体又不好，在先农坛讲演时泰戈尔迟到了半个小时，北京的一家报纸就因此而攻击他，说泰戈尔是过时人物，只该与古人对酒当歌才是，泰戈尔很是生气。来自文化界的人士们对泰戈尔的褒贬争议很多，徐志摩非常理解泰戈尔旅行的劳顿，特别是年纪大了还要在异国接连不断地演讲和参加社会活动。他极尽努力地安抚受了气的泰戈尔，想办法帮助他散心解难，特意安排陪同泰戈尔去法源寺游玩，据说当日泰戈尔心情转好，和徐志摩在丁香树下彻夜吟诗。此外，徐志摩在《泰戈尔》里曾深深地表达了歉意：

"他这次来华，不为游历，不为政治，更不为私人的利益，他熬着高年，冒着病体，抛弃自身的事业，备尝行旅的辛苦，他究竟为的是什么？他为的只是一点看不见的情感。说远一点，他的使命是在修补中国与印度两民族间中断千余年的桥梁，说近一点，他只想感召我们青年真挚的同情。因为他是信仰生命的，他是尊崇青年的，他是歌颂青春与清晨的，他永远指点着前途的光明。悲悯是当初释迦牟尼证果的动机，悲悯也是泰戈尔先生不辞艰苦的动机……在这个荒惨的境地里，难得有少数的丈夫，不怕阻难，不自馁怯，肩上扛着铲除误解的大锄，口袋里满装着新鲜人道的种子，不问天时是阴是雨是晴，不问是早晨是黄昏是黑夜，他只是努力的工作，清理一方泥土，施殖一方生命，同时口唱着嘹亮的新歌，鼓舞在黑暗中将次透露的萌芽，泰戈尔先生就是这少数中的一个。他是来广布同情的，他是来消除成见的。"

5月8日，泰戈尔在他的访华行程中迎来他64岁生日。北京各界为他举行了隆重的生日庆贺会。庆贺会的其中一项，便是为泰戈尔献赠中文名"竺震旦"。之所以取名"竺震旦"，梁启超这样解释：泰戈尔的英文名字 Rabindranath 翻译为中文即"太阳"与"雷"，"震旦"二字由此而来。再循中国以往翻译外国人名之例，泰戈尔的中文姓氏应以其国——印度，即"天竺"为姓，故定为"竺"。因此，泰尔戈的中文名，便定为"竺震旦"。泰戈尔许是对这个名字很满意，高兴之余受了启发，也给徐志摩起了个印度名字"素思玛"——Susima，这是泰戈尔与徐志摩友谊的美好见证。

正是为了迎接泰戈尔，徐志摩把松散的聚餐会改成了新月社，新月社组织的一件重大活动就是排练《齐德拉》来迎接泰翁。在给泰戈尔祝寿的当晚，在东单三条的协和小礼堂里，新月社的同人一起全英文地演出了《齐德拉》，这是新月社第一次公开以新月社名义进行活动。

《齐德拉》讲述的是一位古印度的公主齐德拉，从小就被接受到像王子一样的教育——习武，后来征战四方，坚持正义，成为平定盗贼的女英雄，声名远播。齐德拉在一次打猎时遇见了邻国的王子阿俊那，当时的阿俊那正在睡觉，齐德拉深深地被阿俊那吸引了，疯狂地爱上了他，她嫌自己不够美貌，就拼命装饰自己，她以为自己打扮美丽就可以得到王子阿俊那的喜欢和追求，但不料想王子见了她以后臭骂了她一顿，伤心失望的齐德拉只好去求助爱神，爱神赐给了她无与伦比的美貌，但为期只有一年，齐德拉已经非常知足了，在凭借着美貌得到了王子后，齐德拉还不甘心，她不想只凭美貌就打动王子的心，她希望自己的灵魂能够得以被王子发现。于是齐德拉再一次找到了爱神，请求爱神的帮助，于是齐德拉恢复了本来的面貌，王子阿俊那更是羡慕这位女英雄的本来面目，故事的结尾非常圆满。

当晚的演出非常精彩，泰戈尔感到非常满意。舞台的场景极逼真，演出的都是社会名流，台词均为英语，这等气派在当今也是让人艳羡的。这次演出，林徽因饰演齐德拉，虽然徐志摩没有饰王子阿俊那，但扮演爱神，可以帮助他心爱的女子完成自己对爱情的追求。徐志摩一直不能忘记林徽因，他一直在寻找机会接近她。因为这场"戏"一散，林徽因就要随梁思成赴美留学了。

演出之后，徐志摩又陪同泰戈尔去了山西太原，此行的目的是与阎锡山商讨农村建设和教育计划，这些计划算是一种实验性的，比较秘密的商讨。徐志摩心里一直关心此事，后来徐志摩有机会再次出国还特意拜访了英国恩厚之的农村实验庄园，还去印度走访了泰戈尔的苏鲁农村实验场，徐志摩为他们的精神所感动，有意也要这样做，后来由于种种原因，此事被耽搁了。

5月底，徐志摩陪同泰戈尔去日本，一直送别到香港才分手。也就是在日本的那一次，徐志摩完成了对中国新诗颇有影响力的至今仍广泛流传的《沙扬娜拉十八首》，其中最后一首《赠日本女郎》经久不衰。

也许诗翁泰戈尔对访华的事情会因为一些质疑和批评留下一些不太愉快的印象，但是徐志摩给他留下的印象一定是极好的。徐志摩后来在1928年出国旅行，泰戈尔热情地接见了他，并且在 1929 年 3 月出国途经上海时，泰戈尔还特意再次回访了徐志摩，他们可以说是世界文坛上的有名的忘年交。泰戈尔的思想所遭受到当时的"保泰"与"驱泰"的争议显然也与徐志摩的热情周到没有直接关系，漫长的岁月缓缓流过之后，沉淀下来的只有美好的那一面，徐志摩对于泰戈尔的崇拜和交好，都是出于对人格积极向上一面的崇拜，从这一点，我们也可以了解到徐志摩的人格追求，他是一个积极进取、博爱、智慧、奋斗的人，他反对暴力、武力和卑琐，泰戈尔的人格正好也契合徐志摩的追求。

接编《晨报副刊》

《晨报副刊》是新文化运动时期影响较大的报纸副刊之一，《晨报》的前身是《晨钟报》，是以梁启超、汤化龙为首的机关报，创刊于 1916 年 8 月，主要在第七版刊载一些小说、诗歌等文学作品，因此，第七版又称之为《晨报副刊》。孙伏园从 1921 年起担任主编，1924 年他辞去了主编一职。办报一直是徐志摩归国后的一种理想追求，《晨报》社曾邀请他商讨副刊改良等事，《晨报》的友人们极力推荐并说服徐志摩来接编，徐志摩自然接受了。

1925 年 10 月 1 日，徐志摩负责的第一期《晨报副刊》

问世，在这一期上，徐志摩发表了自己对于办刊物的独特观点和主张——《我为什么来办我想怎么办》，此文凸显了徐志摩独特的文艺追求和办刊态度："我说我办就办，办法可得完全由我，我爱登什么就登什么……我自问不是一个会投机的主笔，迎合群众心理，我是不来的，谀附言论界的权威者我是不来的，取媚社会的愚暗与褊浅我是不来的；我只认识我自己，只知对我自己负责，我不愿意说的话你逼我求我我都不会说的，我要说的话你逼我求我我都不能不说的：我来就是个全权的记者……我自己是不免开口，并且恐怕要常开口。"从徐志摩的"宣言"来看，他追求的是"我爱"、"我愿"之文，求的是对"自己"而非"群众"（读者）的负责，依照的是"完全由我"的办法，看重的是个人思想的充分自由，他是要彻底做一个我行我素的"把关人"。徐志摩的这种编辑思想付诸实践后，《晨报副刊》便深深地打上了他的思想印记。

徐志摩的朋友众多，他组稿的阵营里朋友多、名家多，梁启超、赵元任、郭沫若、吴德生、宗白华、胡适、郁达夫、凌叔华、焦菊隐、沈从文等等都纷纷投稿。徐志摩的眼光独到又前卫，单单拿版式来说，原先的版式是普通的八开对折竖版，显得老气横秋，没有一点心意，从徐志摩主编《晨报副刊》开始，变成了横版并且改成了四开，用纸一样的情况下，版面增大，看上去新颖又时尚。《晨报副刊》在徐志摩手里就这样"活"了——内容广泛，涉及门类诸如政治、文学、艺术；栏目也是丰富多彩，有讲演、论著、诗歌、文艺等等。

在第一期火爆的基础上，徐志摩再接再厉，在第二期上再一次鼓足士气，发表了《迎上前去》，表明自己"决心做人，决心做一点认真的事业"。徐志摩一直站在客观公允的立场来看待问题，他认为只要文章有忠于自己的想法，都可以自由地发表，他爱真理，爱真实，爱勇敢。正值苏俄的观念传入中国，社会上的人们普遍关注。陈启若在 10 月 6 日的《晨报副刊》的《社会》周刊上发表了《帝国主义有白色和赤色之别吗?》，这篇文章赞扬了苏维埃政权，认为苏联是朋友不是敌人，两天之后的《晨报副刊》上张奚若则发表《苏俄究竟是不是我们的朋友》，对陈启若的观点进行了反驳，由此，在《晨报副刊》这个平台上引发了"苏俄仇友"的大辩论。

作为主编，徐志摩没有直接参与论战，他只是负责组织和推动论战，徐志摩的观点是自由的民主的，他理解的革命应该是认识自我从而能够达到个性解放，他的出发点是人道主义和个人主义的。

除了"苏俄仇友"的大辩论，徐志摩在主编《晨报副刊》时还引起了两次论战。一个是鲁迅与陈西滢之间的论战：鲁迅支持和鼓励北京女师大学潮，并且对女师大的校长杨荫榆表示强烈不满，鲁迅、周作人等人在《京报》上发表了《对于北京女子师范大学风潮宣言》。陈西滢则对此在《现代评论》上进行攻击，说女师大的风潮是个别教育界人士指使的，进而，鲁迅、周作人等人又开始在《京报副刊》上进行反击。

徐志摩作为一个旁观者，他在自己主编的《晨报副刊》上发表了《〈闲话〉引出来的闲话》赞扬了自己的好友陈西滢，这样，周作人又开始发表不敢苟同徐志摩的恭维，写了《闲话的闲话之闲话》，争论越来越激烈，好友陈西滢却不占上风，于是徐志摩在1月30日发表了《关于下面一束通信告读者们》，呼吁停止论争，后来又一次发表《结束闲话，结束废话!》，竭力地猛喝双方停止论争，望呵护友谊。"带住！让我们对着混斗的双方猛喝一声。带住！让我们对着我们不十分上流的根性猛喝一声。假如我们觉得胳膊里有余力，身体里有余勇要求发泄时，让我们望升华的道上走，现在需要勇士的战场正多着哪，为国家，为人道，为真正的正义——别再死捧着显微镜，无限地放大你私人的意气!"徐志摩在私底下还不断努力，终于结束了这场"战争"。

另一次论战，是关于文艺的守旧与革新展开的。徐志摩针对章士钊在《甲寅周刊》上刊登的《再疏解辑义》，在自己主编的《晨报副刊》发表了《守旧与玩旧》。徐志摩的观点是"甲寅派"反对白话文，诋毁新思潮的健康发展，他在文章里从不同的角度对"甲寅派"进行了剖析和批评。像这样的论战，在徐志摩后来主持的《诗刊》第2期也遇到了，徐志摩一直都能够顶住压力，有力地组织好刊物的出版，并且始终坚持着自己对文艺的观点和无比的热爱。

与孙伏园恰恰相反，徐志摩追求的不是大众的趣味，而是同人们的志同道合，是对艺术单纯的信仰，他盼望"同胞们对于艺术的信仰增高，兴趣加深"，这从他最擅长的"志摩附识"中可见一斑。徐志摩在编辑时若对某文章有所见解，则喜欢在该文章后附上自己的想法（即"附识"），如果"附识"太长就爽性颠倒位置，把自己的"附识"安在文章前作"幌子"用。因此，"志摩附识"完全是率性之笔，最能传达徐志摩旨意。在1925年10月8日的《晨报副刊》上，徐志摩将自己的文章《恺死木死》排印在刘海粟的文章《特拉克洛与浪漫主义》之前，无异于一则"志摩附识"，在这里，徐志摩对德国批评家生硬地用各类主义为作家贴标签极为反感，认为浪漫主义大师的成就来源于他们"重新张开了眼来看宇宙看人生，并且张开的确是他们自己的眼"，盼望同胞们把"艺术、人生、解放、自由"当作一件"毛葺衣"、"亲身贴肉的穿上身去"直至"浑身发痒"，并直言不讳地说："这不曾发过痒的人……是一个活着的木乃伊。"由此看来，对"艺术、人生、解放、自由"的信仰和亲身体验，保持灵性的勇敢永远不灭正是徐志摩的追求，也是他对同胞们的提倡和盼望。他在

《晨报副刊》上登什么，说什么，便是以此为标准。难怪张奚若说他是"仅留副刊之名，别具一副精神去办出一份'疯子说疯话'的志摩报"，因而欣然为他写稿。

如果说新月社是一个围绕在徐志摩周围的知识分子精英们偏重消遣休憩的聚会团体，那么徐志摩主编的《晨报副刊》则是一个"新月派"精英们展现个人理想与追求，对社会关怀和批判的阵地，《晨报副刊》将之前平分秋色的文学研究会和创造社变成了一个三足鼎立的阵势，徐志摩在《晨报副刊》上用尽心思，展现了自己独特的人生追求，他对社会的理解和文学的造诣，他自身的优缺点都在这里一一展现。

《诗镌》问世与新月诗派的形成

1926 年 4 月 1 日，徐志摩在自己主编的《晨报副刊》之时，主办晨报《诗镌》，一起创办的还有同人闻一多、朱湘、饶梦侃、刘梦苇等。闻一多的诗集《红烛》早在 1923 年 9 月已出版，徐志摩拜读后大为欣赏，并且认为闻一多是中国新诗未来的又一颗明星。闻一多回国后徐志摩与他一见如故，两个人非常聊得来，徐志摩非常赞赏闻一多的艺术家气质和对诗学的独到见解，此后，闻一多的家经常举行诗会，诗人朱湘、孙大雨、饶梦侃等经常一起参加互相评赏诗歌。闻一多的家是欢乐的，因为有一群中国诗坛新星闪耀着，他们很快决定通过徐志摩的《晨报副刊》来办一个属于诗歌方面的专栏，徐志摩热爱诗歌，热爱这些朋友，于是爽快地答应了。闻一多见徐志摩答应得如此爽快，对以后的出版大有信心，他预言《诗镌》的发行将开辟新的纪元。

《诗镌》采取轮流编辑的方式，每逢周四出版，徐志摩先编一、二期，首期的《诗镌》问世，徐志摩以《诗刊牟言》为旗帜，代表着"新月派"的诗人朋友们，勇敢地向中国新诗坛召唤。

《诗镌》一共出了 11 期，刊登"创格的新诗"将近 90 首，其中很多诗作比如《梅雪争春》、《半夜深巷琵琶》以及闻一多、饶梦侃、朱湘等人的诗作都受到很多夸赞。"新月派"的诗人们不断地创新，无论是从诗歌形式上还是内容上，对于中国新诗的发展都起到了无与伦比的作用，他们对诗歌理论的探讨是先锋性的，更可贵的是他们能够有机会在《诗镌》上尽心创作，可以把理念实践出来。

新格律诗的提倡以及诗歌实践，离不开《诗镌》。饶梦侃的《新诗的音节》、《再论新诗的音节》，特别是闻一多著名的《诗的格律》，提倡把新诗格律的要求归结为"三美"即音乐（音节）美、绘画（辞藻）美、建筑（节的匀称和句的整齐）美。这一提倡针对当时的新诗形式过分散体化而提出。这一主张奠定了新格律诗派的理论基础，对新诗的发展做出了一定的贡献。因此"新月派"又被称为"新格律诗派"。

1926年6月，因闻一多离京南下，《诗镌》停刊。徐志摩写《诗刊放假》一文，对《诗镌》倡导新格律诗运动作了总结：第一，新格律诗运动取得了一定的成绩，新格律是新诗存在的客观规律，他还引用闻一多的话说，新诗的音节"确乎有了一种具体的方式可寻，这种音节的方式发现以后，我断言新诗不久定要走进一个新的建设的时期了"；第二，诗是一门艺术，要诗人们继续自觉地运用某种题材，不要不经心地被题材所支配；第三，要使人们防止形式主义的偏颇，不要单讲内容也不能单讲外表，因为这样的结果只能是无意义的形式主义。

总的来说，徐志摩、闻一多等一行在《诗镌》开创的新诗的天地，为后来者奠定了良好的路子，他们认真地实践着自己的理想。无可否认，"新月派"的发展和成熟离不开《诗镌》，其撰稿人努力于中国新格律诗的创作和关于诗艺的探讨，所以，《晨报诗刊》的创办，标志着以"使诗的内容及形式双方表现出美的力量，成为一种完美的艺术"（于赓虞）的诗歌流派——新月诗派的形成。"新月派"包含的远不止这些，就其影响力当属徐志摩和他的《晨报副刊》以及《诗镌》为最。闻一多就曾说过："余预料《诗刊》（就是指

《诗镌》）之刊行已为新诗辟一第二纪元，其重要当与《新青年》、《新潮》并视。"

《晨报剧刊》与戏剧实践

徐志摩一直很喜欢戏剧。除了特意与同人们排练诗剧《齐德拉》来庆祝泰戈尔的到来以及泰戈尔的生日，1927年，徐志摩还与陆小曼合演了《玉堂春》，1928年又与陆小曼一起合著了五幕戏《卞昆冈》，写剧评、探讨戏剧的理论，一直是徐志摩的一项文艺活动。1923年4月到5月期间，徐志摩在《晨报副刊》上发表剧评《看了〈黑将军〉之后》、《德林克华德的〈林肯〉》。文章表达了他的戏剧观念，他发掘了传统戏剧中的不合理成分，同时赞扬莎士比亚的戏剧，提出了纯艺术的理念，他欣赏莎士比亚的悲剧意识，主张戏剧也要有自己独特艺术美，对于当时社会上的一些戏剧演出，徐志摩也发表了看法，比如发表在《晨报副刊》上的《看新剧与学时髦》、《"我们看戏看的是什么？"》等文还引起了关于新剧的大讨论。

徐志摩在1926年6月将《诗镌》停刊，他表示停刊的理由一是因为同人在暑期离开北京的较多不容易组稿，另一原因就是友人热心于戏剧，想要借《晨报副刊》的地位，来集合力量给新剧一条发展空间，以期望引起人们对新剧的重视，促进新剧的发展。徐志摩对于戏剧本来就兴趣很大，认为戏剧是一项高尚的事业，认为中国人不曾把戏剧认真看待，因而需要确立一个艺术的"剧"的观念，同时徐志摩认为"诗与剧本是艺术中姊妹行"。

由此，新月社里加入了三位对于倡导国剧有很大帮助作用的成员：曾经留美专攻戏剧的余上沅、赵太侔以及闻一多。那段时间，徐志摩一有机会就会和他们在一起探讨振兴戏剧的问题，他们共同倡导戏剧的艺术化，追求一种纯粹的戏剧艺术。他们一起畅想计划着围绕这北京的国立艺专戏剧系办一个剧院，然后借副刊这重要阵地来宣传他们对于新剧的理论和追求。于是在1926年6月17日，《晨报剧刊》问世。

徐志摩在第一期《剧刊》上发表发刊词《剧刊始业》，他提出了一些为了振兴新剧的要求和自己的期待——"我们的意思是要在最短期内办起一个'小剧院'"，并言明"这是第一部工作"，在此基础之上"集合我们大部分可能的精力和能耐从事戏剧艺术，我们现在已经有了小小的根据地，那就是艺专的戏剧科，我们现在借《晨报副刊》地位发行每周的《剧刊》，再下去就是盼望小剧院的实现，这是我们几个梦人梦想中的花与花瓶"。

《剧刊》从创刊到9月23日终刊，一共出版15期，刊登了理论文章25篇，发表文章的作者们多是中外古今戏剧的精通者，他们的理论文章深入浅出，体现了很好的戏剧意识和良好素养，徐志摩的《剧刊始业》、《托尔斯泰论剧一节》、《剧刊终期》等文，都集中地表现出徐志摩对于戏剧的艺术追求。然而，这一年他实在太忙了，为了与陆小曼的婚事，南北奔波，《剧刊》的编辑工作基本也由朋友承担。到了秋风起时，放假的"诗刊"没有恢复的踪影，这份《剧刊》也因为人员的星散，不得不停办了。开幕的是徐志摩，闭幕的还是他，写了篇《剧刊终期》，自我检讨加汇报成果，然后草草了事。

徐志摩主持的《诗镌》和《剧刊》，虽然都很短命，但在新诗史、戏剧史上都留下了不可磨灭的痕迹，徐志摩的个人事业也随之走上巅峰。在执掌《晨报副刊》这一年里，他的确做了不少事情，以副刊为阵地，他四处出击，大声发言，还发表、出版了相当多的作品。虽然也搞得身心疲惫，但他的棱角显露出来了。

合伙开新月书店

1926 年至 1927 年，在广大的中国土地上，发生了对中国历史有着重要意义的北伐战争，这场战争可以说是一场社会的变革，也是社会的一次洗礼。战争的硝烟吹散了无数家园，在北京的一批知识分子中的精英们受当时环境的影响，纷纷南下，南下的地点首要的选择就是上海这个避难所。新月社的社员们像闻一多、饶梦侃、余上沅、丁西林等又聚集在了上海这个热闹的地方，加之梁实秋、胡适等人也从国外回到了上海，新婚后的徐志摩和陆小曼夫妇也刚刚从老家硖石躲避战事而来到上海，上海这个热闹非凡的地方霎时间聚集了很多新月友人，这让徐志摩非常兴奋，奔走于各位同人之间的他，决定再创一番作为。新月书店就是在这样的背景下横空出世。

新月书店的成立，是徐志摩事业的继续。书店的成立离不开集资入股，参加书店集股的有胡适、徐志摩、余上沅、闻一多、梁实秋、叶功超等，大家推举胡适为书店的董事长，余上沅为经理。徐志摩乐于奔走，用梁实秋先生的话来说就是"他有说，有笑，有表情，有动作。至不济也要在这个的肩上拍一下，那一个的脸上摸一把，不是腋下夹着一卷有趣的书报，便是袋里藏着一扎有趣的信札，传示四座，弄得大家欢喜不置"。

新月书店的正式开张是在 1927 年的 7 月 1 日。7 月 2 日，《时事新报·青光》上刊登了一篇《新月书店参观记》，署名为严家迈，记述了他在书店开张之日见到的一切："本月一日开张，广告上有'略备茶点，欢迎参观'之句，我的肚子虽不大饿，我的脑袋可真有点饿，所以不惜车资，特地从江湾跑去参观……远远望见一块蓝地白字的招牌，上书新月书店四字。挂招牌的铁棍上，还有一把涂金的镰刀，大约这就是新月了。进门之后，便有人上前同我招呼……楼下是发行所，书桌边坐定两位职员，一男一女，状极诚恳，书桌上我偷偷看，压着的有《浪漫的与古典的》和《翡冷翠的一夜》等等正在校对的稿子。书桌后面墙上，挂着一幅江小鹣的油画。对面是书架，上涂黑漆，显出一部一部的新书。书架后面，还有朱孝臧写的一面招牌……楼上的来宾，愈来众多……"此篇可以说是在为新月书店鼓气助威，更可以看作是新月书店的广告招牌——书店的生意从开业就很红火。

书店出版新月成员的著作，8月，徐志摩的散文集《巴黎的鳞爪》就是由新月书店出版的，相继《翡冷翠的一夜》诗集在9月出版，还有1928年的1月散文集《自剖》、7月和陆小曼合著的剧本《卞昆冈》都是由新月书店出版发行的。

新月书店在1927年至1933六年的时间里，出版了百余种书，在当时上海的出版界已经算得上是小有成就了。对于新月书店的评价，褒贬不一。鲁迅就曾讥讽过新月书店，他说道："新月书店我怕不大开的好，内容太薄弱了。虽然作者多是教授，但他们发表的论文，我看不过日本的中学生程度。"鲁迅和新月社的关系一直不好，这样说也不足为奇，但是鲁迅的界定在很长一段时间给新月书店带来了负面影响，但我们应当公允地正视新月书店，应当给予新月书店的出现一个合理的评价，新月书店出版了大量的文学作品，出版了百余种专著和译作，对于中国现代的文学史和现代的出版史都贡献着自己的巨大力量。谈及"新月"，离不开徐志摩，也更离不开新月书店。

《诗刊》横空出世

在十里洋场的上海，徐志摩整日被陆小曼的奢侈生活搞得焦头烂额，忙于各大学间教书匠的生活，徐志摩想要办自己的纯文学刊物的想法被搁置了许久，正当这时，徐志摩的学生陈梦家来到上海，并把自己和方玮德等一些年轻诗人想要办诗刊的愿望说给了徐志摩听。徐志摩非常愿意，他动用自己的能量尽可能快地联系好了他的诗人朋友们，以便约稿，此外他开始为自己的将要创办的诗刊进行宣传，在《新月》第3卷第2期上，他发表了一个"预告"：已经约定的朋友有朱湘、闻一多、邵洵美、方玮德、谢婉莹、胡适、陈梦家、徐志摩、沈从文、梁实秋等诸位，出一个不定期的诗刊，盼望陆续有更多的朋友们加入。

终于，经过徐志摩等人一段时间的努力，1931 年 1 月 20 日，《诗刊》问世，徐志摩在《诗镌》停刊了五六年之后，又一次感到了"以诗会友"的兴趣，他在《诗刊》的序里满怀希望地说："那一点子精神，真而纯粹，实在而不浮夸，是值得纪念的。"在《诗刊》起首，徐志摩不忘陈述新月诗人的共识："我们少数天生爱好，与希望认识诗的朋友，想斗胆在功利气息最浓重的地处与时日，结起一个小小的诗坛，虔诚的邀请国内的志同者参加，希望早晚可以放露一点小小的光。"

他还在序里提出了他和同人们对新诗的观念：第一，他们共同相信新诗是有前途的，同时这前途不是容易与平坦的，需要很多人共力去开拓。第二，他们共同相信诗是一个时代最不可错过的声音，由此可以听出民族精神的充实抑空虚，华贵抑卑琐，旺盛抑消沉。一个少年人偶尔的抒情的颤动或许影响到人类的终古的情绪；一支不经意的歌曲，或许可以开成千百万人热情的鲜花，绽出瑰丽的英雄的果实。第三，他们共同相信诗是一种艺术。艺术精进的秘密当然是每一个天才独自的致力，各自弄出光荣的创例，但有时集合的纯理的探讨与更高的技术的寻求，乃至根据于私交的风尚的兴起，往往可以发生一种殊特的动力，使这一艺术安上坚强的基筑。

《诗刊》是《诗镌》的延续，徐志摩欣喜于五六年前的旧友们还可以在《诗刊》团聚，此外还可以认识带有朝气的新伙伴，徐志摩受到了很大的鼓舞。旧友们中的闻一多、朱湘、孙大雨，新伙伴陈梦家、邵洵美、方令儒、方玮德等都是《诗刊》的主要撰稿人，他们同徐志摩一道，共同推动中国文学史上的新诗向前迈进了重要一步。

《诗刊》创刊号上的稿件的征集是靠陈梦家、邵洵美、徐志摩的力量居多；编选是孙大雨、邵洵美、徐志摩负责的；封面图案与大体设计要感谢张光宇、张振宇与邵洵美。创刊号上，徐志摩的《爱的灵感》、闻一多的《奇迹》受到了胡适的夸赞和大力支持："又读昨日新出的《诗刊》第一号，其中也有绝可喜的诗。一多有一首《奇迹》，很用气力，成绩也很好。志摩有一篇四百行的长诗——《爱的灵感》——是近年的第一长诗，也是他的一篇杰作。"

创刊号发行之后，第2期在3个月后发行，当时的文艺界有对新诗提出质疑，徐志摩顶住风浪，把那些怀疑批判的论调压制住，继续为《诗刊》保驾护航，"在思想上正如艺术上，我们着实还得往深里走，往不可知的黑暗处走，非得哪一天开掘到一泓澄碧的清泉我们决不住手"。徐志摩还在第3期上围绕新诗，提出来八个方面的问题，以便让新月同人们和文艺界对新诗进行更好的探讨，他想要通过自己的努力促进更多的人进行热烈讨论从而加快新诗的革新。这八个方面的问题，涉及广泛，都是当时文艺界研究新诗的一些热门话题，徐志摩进行了总结和提问，有关个人写诗的经验、诗的格律与体裁、诗的题材、新诗与旧诗的关系、诗与散文的关系、如何看待西洋诗、新诗辞藻的研究、诗的节奏和散文节奏的关系等。

徐志摩一共主编《诗刊》3期，不幸在11月19日遭空难去世，第 4 期由陈梦家主编，第 4 期是《志摩纪念号》。《诗刊》尽管只有 4 期，但影响深远，是《诗镌》的延续和发展，《诗刊》中的很多诗歌后来都被收录到了陈梦家编选的《新月诗选》中。

新月诗派，从 1924 年新月社的成立，到 1926 年《诗镌》创刊，再从 1927 年新月书店成立到 1928 年《新月》月刊创刊以及 1931 年《诗刊》的创刊，我们可以清晰地梳理出徐志摩与"新月派"的诗歌活动的线索。新月诗人们始终围绕在徐志摩周围，展开一系列的新诗活动，不光有新诗理论上的摸索，更有广大的空间进行创造实践，徐志摩一直都是新月诗派的重镇，他的一贯坚持，他影响的一代诗风和诗人群这样的贡献对于中国新文学史来说是不可磨灭的，是他，唯有他，他和他的新月一起，载入新文学史册，徐志摩和"新月"这两个字一起，是新文学史蔚蓝色天空的一颗闪耀明星！

又一轮《新月》

在上海，徐志摩、胡适等人为新月书店的成功感到很高兴，在徐志摩的倡议和热情安排下，新月同人们又恢复了以往在北京的聚餐会。大家反思以往的聚餐总是过于娱乐消遣，聚餐会有些散漫，大家在一起不能有很好的精神沟通，于是胡适提议每次聚餐会都定一个主题，围绕一个主题方便友人们一起来探讨进行沟通，徐志摩和大家都表示非常赞同。由胡适提出了第一个主题"中国往哪里去?"，大家听后就开始纷纷发表自己的看法，新月的同人们各自从政治、经济、社会、文化等角度展开讨论。

慢慢地，聚餐会的主题讨论让大家觉得似乎还有点薄味，于是徐志摩和胡适等人商量，决定把主题讨论的一些观点想法发表出去。在二三十年代，文人办杂志是非常风靡的事情。比如陈独秀等人的《新青年》、创造社的《创造》、文学研究会的《小说月报》等等，几乎都是几个志同道合的人凑在一起，就出了一份刊物，徐志摩也提议创办一个刊物，名称定为《新月》，名字的理由是曾经在北京有个新月社，虽然早已经散开，但是新月书店的创立让大家还能相聚在一起，这个名字包含着希望，"因为它虽则不是一个怎样强有力的象征，但它那纤弱的一弯分明暗示着，怀抱着未来的圆满。"大家都拍手表示赞成。

于是很快在 1928 年 8 月 10 日，《新月》月刊创刊。

在《新月的态度》一文中，徐志摩说："我们这月刊题名新月，不是因为曾经有过什么'新月社'，那早已散消，也不是因为有'新月书店'，那是单独一种营业，他和本刊的关系只是担任印刷和发行。《新月》月刊是独立的。"徐志摩对《新月》抱有的态度是"独立"，独立于政治，是一种对纯文学的追求。他认为"我们这几个朋友，没有什么组织除了这月刊本身，没有什么结合除了在文艺和学术上的努力，没有什么一致除了几个共同的理想。凭这点集合的力量，我们希望为这时代的思想增加一些体魄，为这时代的生命添厚一些光辉"。《新月》创刊之初，在徐志摩、闻一多、饶梦侃的主编下，做到了坚持纯文艺的办刊方针，同时文学样式取道多元，对新诗及新诗人的培养颇为重视。

徐志摩对于纯文学的追求固然是非常可贵的，但是有些过于单纯，因为时代的风云变幻不可能不影响到新月同人的心态，新月的每一个同人都是独立的个体，他们有着不同的追求，特别地，《新月》的主编没有固定，主编的思想理念对于刊物的面貌起着很重要的作用。自第2卷第2号起，编辑者变成梁实秋、叶公超、饶孟侃、潘光旦和徐志摩，徐志摩的名字被排在了最后，徐志摩在《新月》的位置逐渐地边缘化，他一直坚持的《新月的态度》的主张纯文学路线没有得到坚持，政治的、社会的、道德的这些社会科学方面的文章也陆续在《新月》第2期以后开始刊登，《新月》离政治越来越近，偏离了徐志摩一贯坚持的纯文艺，《〈新月〉敬告读者》里，《新月》公开向社会表明："不错，我们是谈政治了，我们以后还要继续的谈……我们没有法子使我们不感到这个时局的严重，我们有几个人便觉得忍无可忍，便说出话来了，说出与现在时局有关的话来了……"

徐志摩越来越觉得《新月》不能再好好坚持自己追求的纯文学的路数，从《新月》第 2 期起，徐志摩的影响力已经减弱了。他基于这样的情形，在 1929 年 7 月辞去了编辑的职务，在给好友李祈女士的信中他表达了自己的愤怒："……我说如此看来，我眼睛不是瞎的，但始终未向梁胡诸前辈一道短长，因无可喻也……我也颇想另组几个朋友出一纯文艺月刊，因新月诸公皆热心政治，似不屑文艺，我亦不便强作主张也。"徐志摩对于一纯文艺月刊很向往，可以说是无限地留恋在北京办的《晨报副刊·诗镌》，这一点向往在 1931 年《诗刊》中终于能够如愿。

虽然辞去了《新月》编辑的职务，但徐志摩从未远离过新月社，他一直为《新月》提供自己的文稿。除了诗文，他还翻译了很多西方文艺作品，比如他撰写哈代的相关文章来缅怀哈代；发表《一个行乞的诗人》来鼓励中国的文人们不要害怕生活的苦难，磨炼刚强的意志；发表《勃朗宁夫人的情诗》来赞美勃朗宁夫人的纯真爱情；他热情地翻译了大量波特莱尔的散文诗以及《玛丽玛丽》、《英国曼殊斐儿小说集》等。

"新月派"可以说一直都是围绕在徐志摩周围的，徐志摩是贯穿新月社前期和后期的重要人物。新月书店与《新月》的关系密切，新月书店担任《新月》的出版与发行任务，书店出版的新月成员书籍的广告也需要在杂志刊物《新月》上投放，等等，这些都离不开徐志摩的贡献。

第四辑 徐志摩小传

诗坛的京华烟云

由硖石到北大

硖石是浙江省海宁县一座美丽的小城，传说是唐朝著名诗人白居易游览到此而取的地名，这里不仅青山如黛，绿水长流，而且文化昌盛，交通便利，经济发达。1897 年 1 月 15 日，一个被父亲取名为章垿，字槱森，小名幼申的男孩在保宁坊的老屋里降生，这就是后来在中国现代文学上光辉闪耀的明星徐志摩。

徐志摩的父亲徐申如，是浙江海宁县硖石镇的首富，长期担任硖石镇商会的会长。他交游甚广，深受"实业救国"思想的影响，相继创办硖石电灯公司、捷利电话公司、硖石双山丝厂等实业，最值得彰显的功绩是他曾排除各方阻挠促成沪杭铁路行经硖石镇，横贯海宁。对于儿子，徐申如像呵护一块至尊宝玉，不仅给他提供丰厚的物质、无私的爱和呵护，更多的是给他优越的教育条件。

童年时期的徐志摩活泼可爱，顽皮好动，在全家上上下下的宠爱中成长。天才的闪耀离不开周围环境的影响和重要人物的启示，家中最年长的老祖母是徐志摩眼中的保护神，是她让徐志摩的性情得以自由放任地发展；母亲钱慕英贤惠端庄，勤劳朴实，仁慈宽容，对儿子百般地关爱，母子之间伟大的情感力量，爱与美的深重之意对徐志摩有着潜移默化的影响；家中的仆人家麟，善良老实，是个能讲故事的高手，每当夏夜，小志摩总会在家麟身旁仔细地听他讲"牛郎织女"、"铁牛镇海"等有趣的故事，这些故事让小志摩的心中产生了无限的遐想。在徐志摩的小说《家德》里，我们看到了家麟的身影，他种的各种蔬菜和瓜果，都让徐志摩印象深刻，他善良淳朴的品性，对于自然的热爱也给幼小的徐志摩心里留下了不可抹去的印记。

徐家是大户人家，有家塾。4 岁起，徐志摩入家塾开蒙，师从孙荫轩先生，家塾给徐志摩的感觉很糟糕，他曾在《雨后虹》中埋怨说"白天天热得连气都喘不过来，可怜的'读书官官'们，还照常临帖习字，高喊着'黄鸟黄鸟'，'不亦说乎'；虽则手里一把大蒲扇，不住地扇动，满鬓满腋的汗，依旧蒸炉似的透发，先生亦还照常抽他的大烟，哼他的'清平乐府'"。

徐志摩的第二个老师是个"怪人"——查桐轸先生，据说"怪人"刚出生时，父母怕孩子受凉没给洗浴，此后几十年间直到去世，查先生没洗过一次身体，平日也不刷牙，不洗头，擦脸也很少。后来，其子查猛济在上海当教授，教过徐志摩的儿子徐积锴。跟着这样的老师读几年书，学生会受什么影响呢？长大后，徐志摩这样反省过自己："因懒而散，美其称曰落拓，余父母皆勤而能励，儿子何以懒散落此，岂查桐荪先生之遗教邪！"

徐志摩是1900年入家塾的，这一年，徐志摩的眼睛近视了，家人为他配了副眼镜，他那传世的戴金丝边眼镜的经典形象，此时大致确立。到了1907年，硖石开办开智学堂，徐志摩转入读书。读书期间，徐志摩擅长古文，在开智学堂写的一篇古文《论哥舒翰潼关之败》，有苏洵《六国论》的气势："夫禄山甫叛，而河北二十四郡，望风瓦解，其势不可谓不盛，其锋不可谓不锐。乘胜渡河，鼓行而西，岂有以壮健勇猛之师，骤变而为羸弱顽疲之卒哉？其匿精锐以示弱，是冒顿饵汉高之奸谋也。若以为可败而轻之，适足以中其计耳，其不丧师辱国者鲜矣！"

1911年开春后，徐志摩从开智学堂毕业，考入当时全省最有名气的杭州府中学堂，学堂里有规定，只有考试得第一的才可以当班长，徐志摩自小就有"神童"的美名，天资聪颖，当然常常是班长了。读书时，同班同学郁达夫惊异于总爱看小说的徐志摩平时看起来不用功，但是在考试或者作文时得到的分数最多，并称其为"奇人"。郁达夫后来在杭州府中停办又复校后没有返校，去了日本，仅仅是半年的同学时光，却成就了郁达夫与徐志摩美好的友谊。

1913年，在杭州府中上学期间，徐志摩在校刊《友声》上发表了他的第一篇论文《论小说与社会之关系》，这篇论文给徐志摩带来第一次婚姻。当时张嘉璈作为省里的官员到杭州府中视察，在阅读学生的作文时，他被《论小说与社会之关系》和作者兼具"骨"与"气"的书法神韵深深地吸引。一打听，得知文章作者是硖石首富的独生子，他自然想到了自己的二妹张幼仪，觉得门当户对，随即就给徐家写了封信，直接为妹妹提亲。一切进程顺利圆满，徐、张两家皆大欢喜，1913年，徐申如主持操办了徐志摩与张幼仪的订婚，徐志摩在1914年考取北京大学预科，1915年与张幼仪结婚，婚礼场面之豪华、规模之大惊动了整个硖石镇。

中学毕业后，徐志摩先是考入了北京大学预科，又先后在上海沪江大学、天津北洋大学就读。后来，因北洋大学的法科并入了北大，他在1917年又回到了北大，攻读法律本科。在北京大学求学期间，他住在北京东城蒋宅，读书期间，他对于文艺有着浓厚的兴趣；同时，他对于网球等也有一定的嗜好，是一个燃烧着奋斗的热情和勤奋努力的学生。

在北京求学期间，徐志摩最重要的收获，应算是他的"拜师"。在父亲的支持下，由内兄张君劢介绍，徐志摩于1918年夏，拜在了梁启超的门下。对于梁启超，他佩服得五体投地，态度诚惶诚恐，不仅认真地接受教诲，阅读老师的文章，也让他热血沸腾，可以说，梁启超深深影响了徐志摩后来的道路。这一年，徐志摩做了父亲，他的儿子徐积锴出生了。

从美国到英伦

1918 年 8 月 14 日，徐志摩乘轮船从上海赴美。在航行中，徐志摩撰文《民国七年八月十四日徐志摩启行赴美文》致亲友，在这篇文章中，他开始署名徐志摩，这正是从徐章垿到徐志摩这个名字的变化。"志摩"名字的由来与其童年时的一个典故有关：在徐志摩小的时候，他的父亲请一个名叫志慧的和尚看相，说是此子将来必成大器。此时他改名"徐志摩"，一来，多少有志慧和尚的抚摩之意；同时更体现出诗人当时怀抱着高远的志向气魄。徐志摩满载着"慨然以天下为己任"的抱负，以及"我自己最高的野心是想做一个中国的 Hamilton！"的野心，进入美国克拉克大学学习历史，当时他的抱负侧重于未来在中国的政治经济舞台上大显身手。

徐志摩在美国的生活和学习中，不断奋斗，勤学自立，一方面广泛地学习，选修了很多课程，如社会学、心理学、商业管理、劳工问题、19 世纪欧洲社会政治学等等，以及法语、西班牙语等语言课，他还参加了国防训练团，每天按章程和同学一起携手并进，显示了中国留学生的气节。此外，他还尝试打工挣钱，并最终以优异的成绩毕业，获得了一等荣誉学士学位。

1919年底，徐志摩来到纽约，进入哥伦比亚大学攻读硕士学位，学习政治学。当时正值中国的五四运动爆发，留学生们纷纷组织起来开展各种爱国的活动。徐志摩也毫不犹豫地加入这场行动中去。1920年9月，徐志摩完成硕士论文《论中国妇女的地位》，获得了硕士学位。徐志摩曾受父亲的影响，坚持"实业救国"的主张，到了美国以后，他的想法变了，在《南行杂记·二劳资问题》里，他追记当时的想法，最后转而倾向于"政治救国"。他不仅学习经济，而且在课外，加紧研究各种政治学派的学说，仅花了一年时间，他就拿下了哥伦比亚大学的硕士学位。

徐志摩对于社会主义抱有同情的看法，在纽约的那一年，徐志摩的房间书架上会有苏俄的书，值得一提的是，徐志摩是坚持从人道主义出发的，他接受的空想社会主义的学说，和真正的马克思主义相距甚远。徐志摩从资产阶级的个性解放角度出发，迷上了尼采，他曾说："我仿佛跟着查拉图斯脱登上了哲理的山峰，高空的清气在我的肺里，杂色的人生横亘在我的眼下。"徐志摩了解的尼采的整体哲学思想并不是完全意义上的，而是吸取尼采这位超人的自强不息和拼搏进取的积极精神。

不仅痴迷于尼采，徐志摩还很崇拜伯特兰·罗素，并精心研读《战争中的公理问题》、《社会的改造原则》、《政治理想》、《往自由之路》、《我们对外界的认识》等，他特别崇拜罗素对于在逆境中坚持不懈的追求自己所相信的真理，不畏权贵——正是这一点让徐志摩对于罗素的崇拜达到痴迷的程度。为了追随罗素，徐志摩于 1920 年 9 月 20 日横渡大西洋，去往伦敦，此行的代价是他放弃了即将可以拿到的哥伦比亚大学的博士学位。这是徐志摩的又一次转折，从此，"中国少了一个政治经济学家，多了一个诗人、文人"。

1920 年 10 月上旬，徐志摩满怀希望地抵达了英国，不巧，罗素已经去中国讲学了，并且罗素在 1916 年就已经被康桥的三一学院除名，徐志摩感到很失望，不得不就读于伦敦大学的政治经济学院，攻读博士学位。

在伦敦大学，徐志摩的导师是教授赖斯基，这位著名教授在当时的地位也很高，但是和罗素比较起来，徐志摩觉得差异比较大。

在英国，徐志摩倍感欢喜于频繁的社交活动和自由的民主学术气氛，他先是和一批留英的中国学者混熟了，像陈西滢、章士钊、陈伯通、林长民，也结识了很多中国留学生朋友，比如傅斯年、郭裳虞、赵元任、刘半农等，还认识了不少英国的作家、文人，比如认识了英国著名的作家威尔斯，不久，威尔斯把自己的好友魏雷先生介绍给徐志摩。与这些著名人士结识，对于徐志摩从事文学创作，对文学的认识的加深起到了非常重要的作用。在 1920 年 11 月写给父母的信中，徐志摩欣喜地报告："儿到伦敦以来，顿觉性灵益发开展，求学兴味益深，庶几有成，其在此乎？儿犹喜与英国名士交接，得益倍蓰，真所谓学不完的聪明。"

1920 年，经历了一年世界讲学和访问的罗素和妻子回到了英国，徐志摩得知这个消息后迫不及待地致信罗素想要见其一面，终于在 1920 年 10 月份的一天如愿以偿，从此以后，徐志摩就成了罗素家的座上客。罗素的人生观、婚姻观以及个人的气质震撼了他的心灵。

在即将离开英国之前，徐志摩于 1922 年 7 月在伦敦与英国女作家曼殊斐儿会见，他们谈了苏联文学和中国新文学运动的趋向。交谈中曼殊斐儿给徐志摩留下深刻的印象。1923 年 1 月 9 日，年仅 34 岁的英国女作家曼殊斐儿逝世，徐志摩作诗《哀曼殊斐儿》，此诗足以看出他们由片刻促成的永恒的友谊；曼殊斐儿的作品由徐志摩译著成《曼殊斐儿小说集》，并编入《徐志摩文集》出版。

康桥情结和恋爱的明光

1921 年春，徐志摩通过狄更生先生的推荐和介绍，进入剑桥大学皇家学院学习，从此开始了剑桥生活。节假日里，徐志摩最喜欢骑自行车到绿草如茵的田野，游逛每一片康河岸边的树林草地，康桥、拜伦潭、果树园、花果树、草坪上小憩的牛马们、天空中的云彩星星、流水行草等等，他陶醉于美好的大自然里，他说："我在康桥的日子，可真幸福，深怕这辈子再也得不到那样甜蜜的洗礼。"可以说，康桥的美唤起了徐志摩心中的灵性，让他苏醒。康桥的一切给了徐志摩新的洗礼，生命的蓬勃，自然的和谐，让徐志摩决定以爱的名字，表达自己的心声。在这里，他开始步入文学殿堂，情感的孤独与美景的融合，个性的追求与现实的困顿使徐志摩在康河的波光潋滟中沉淀了丰富的文学孕思。

徐志摩在 1922 年 8 月 10 日启程回国前夕，写下了《康桥再会吧》一诗，表达对康桥的眷恋。在 1928 年，徐志摩重游英国，7 月的一个傍晚，他一个人悄悄来到久别的母校，漫步于寂静的校园，怀念逝去的美好岁月。斗转星移，物是人非，满腔的热情和对母校的眷恋之情无以倾诉，前来寻梦的诗人，怅然若失，11 月 6 日，在归途中，他挥笔写下了《再别康桥》这首诗。可以说，康桥情结贯穿在徐志摩一生的诗文中。

如果后来没有遇到林徽因，恐怕徐志摩的感情世界会平淡无波，而他的诗才也不会喷薄流溢，更不会迅速达到诗歌创作的爆发期。初到伦敦，徐志摩感到非常孤独寂寞，就在这渴望温情之时，1920 年秋，徐志摩结识了林长民和他的 16 岁的女儿林徽因。林长民是梁启超的政坛好友，是徐志摩很早就倾慕的人，在异国他乡和这样的人认识倍感亲切，两个忘年交在一起经常对坐长谈，乐此不疲。也就是在这样的机缘巧合下，徐志摩认识了"人世间没有这异样的神明"的才女林徽因。作为两个孩子的父亲，徐志摩说他初见林徽因内心充满了莫名的冲动，并深深觉得清纯、圣洁、才华、人世间各种美好都聚集于这样一位女子身上。随着徐志摩和林徽因的接触日益频繁，徐志摩深深地坠入了爱河，无法摆脱对林徽因感情的缠绕。与林徽因的恋爱是他重要的人生经历，是其短暂一生的一个重要节点。从 1921 年开始创作新诗，诗人是这样描述那段创作的情境："诗情真有些像是山洪暴发，不分方向的乱冲。"

为了坚守住这份真纯、甜蜜的爱恋，1922 年 3 月，徐志摩赶到柏林，向 1920 年冬就从家乡专程来到欧洲陪同他的夫人张幼仪提出离婚，在朋友的见证下，二人签署了离婚协议，结束了他认为的没有爱情、没有自由的婚姻。

"骁勇的明星"

徐志摩 1922 年 8 月离开欧洲，启程回国。回国途中，曾在新加坡，中国的香港以及日本稍作停留，经历两个月的旅程，于10月15日到达上海，回到朝思暮想的亲人们身边，他感到了无比的亲切。四年前他漂洋过海，意气风发，满腹豪情壮志，如今归来虽收获颇丰，但违背了父母的初衷，加之婚姻生活的失意使其憔悴不堪，于是，带着一分忧虑的他没有享受多久，便决定北上。他先陪同父亲去南京参加讲学活动，正巧老师梁启超先生在东南大学讲授中国政治思想史，于是徐志摩在南京的日子主要忙于听课和学习。忙碌而规律的生活也无法让徐志摩忘掉心中的那份忧虑，也正是这样的时刻，他接到了梁启超的长子梁思成的来信，梁思成受清华文学社成员梁实秋之托，邀请徐志摩赴清华大学文学社演讲。徐志摩非常高兴地应邀去了北京，开始了他回国以后的艺术生涯。

正值五四运动不久，新文化运动使各种文学团体和文学社团如雨后之笋，蓬勃发展。徐志摩的志向也在此，他勤奋写作，四处投稿，他需要这样的时代，这个时代也需要他的才华。比如1923年1月至3月，徐志摩成功地在《努力周报》、《实事新报学灯》、《晨报副刊》等报刊上接连发表了许多诗文。徐志摩的诗歌一出现，立即引起了文坛的关注。《康桥再会吧》这首诗的发表过程屡经坎坷：3月12日刊登一次，到了3月25日又刊登一次，开始的一次是排列成连贯的散文，后来重刊又把原稿的篇幅搞乱了，直到第三次才修改清楚，也正是因接连出错，让这首清新的小诗引起了广泛的注意，徐志摩也开始声名大振。

通过梁启超先生的帮助和精心安排，徐志摩很快搬往石虎胡同七号松坡图书馆居住，任该馆英文干事。徐志摩整日沉浸在忙碌而充实的工作和社会活动中。在英国时的徐志摩就非常喜欢参加社交活动，他的人缘非常好，来到北京，他依旧不减这份乐趣，他凭着自己的热情、真诚以及极具气场的组织能力，很快在石虎胡同七号聚起了一批社会名流、学者，诸如梁启超、胡适、林长民、丁文江、王庚、林徽因等，聚会的气氛颇似欧洲的文化沙龙。后来，新月社在徐志摩和胡适的努力下成立。

作为文坛的新星，徐志摩直接进入主将之位，其创作的骁勇之势引起了很多人的关注，当然有掌声赞许，也有批评指责。文人相轻，自古有之。徐志摩原本想结识并有心投入的是创造社，但是却得罪了创造社的两员大将，一位是成仿吾，另一位就是郭沫若。1923年5月6日，徐志摩的一篇文艺小随笔《坏诗、假诗、形似诗》在《努力周报》刊出，文中批评了郭沫若的诗句"泪浪滔滔"，由此引起了创造社同人的围攻。此外还有别的原因，比如徐志摩不懂得"规矩"，他一面跟创造社的同志们来往密切，另一面又和胡适打得火热，因为早在回国之前，胡适和创造社的成员们闹翻了。徐志摩心思纯真，不晓得怎么就搅进了这个小旋涡。

徐志摩对创造社感到了失望，于是和胡适这样的欧美留学生们走到了一起。1923年9月，徐志摩组织了一些朋友到老家去看著名的海宁潮，朋友们一起出来玩乐，非常愉快。在这前后的一段时间里，徐志摩会见了很多重要朋友，有胡适、陈衡哲、朱经农、任叔永、马君武、陶行知等。徐志摩和胡适的友情，就是在镇海塔下一起观潮时加深的。徐志摩和胡适的感情深厚，他们是相互提携的朋友，他们是浪漫与理性的融合，他们更是中国新文学史上白话文运动的有力倡导者和力行者。徐志摩创建新月社以及"新月派"的组织和活动，都离不开胡适。骁勇的徐志摩在勇往前行的背后，总会有他的挚友们的鼓舞和陪伴，因为只有这样，徐志摩才会走得更远更好……

1924年，泰戈尔来华访问后，林徽因与丈夫梁思成双双奔赴美国留学，情路迷茫的徐志摩只身一人在茫茫人海中寂寥，正值此时，他遇到了有夫之妇陆小曼，而"联络员"竟然是陆小曼的丈夫王赓。王赓事情多，走不开时经常请徐志摩照顾陆小曼。两个人都爱交际、爱玩乐、喜欢文艺，在情感上又都不顺利，一经接触，便擦出了火花，此事满城风雨，轰动一时。但几经周折，两人还是挣脱各方束缚走到一起。1926年10月3日，徐志摩与陆小曼的婚礼在北平北海公园举行，梁启超担任证婚人，胡适为介绍人。

接续"新月"的生命与再次启程

结婚以后，徐志摩辞掉了《晨报副刊》的差事，遵守他和父亲的约定，携陆小曼南下，回硖石与翁姑同住。1926年底，北伐军一路势如破竹，打到了浙江。为了躲避战乱，徐志摩和陆小曼匆忙逃到了上海。陆小曼重新回到大城市，如鱼得水；徐志摩却一筹莫展，父亲已断绝了对他的经济支援，一向衣食无忧的徐志摩，终于有了生活窘困的时候。无奈之中，为了谋生，徐志摩只好先在上海的光华大学当起了教书匠。

1927年春，由于国民军北伐，局势十分混乱，北京的学者教授们成群结队地南下，一时间新月社的成员们又在上海凑聚一起。他们以胡适、徐志摩为中心，合伙出资，开办了一家书店，名字就叫新月书店。虽说上海的新月书店与北京的新月社没有正式的关联，但从主要成员上看，还是那一班旧人。其中，胡适扮演领袖，余上沅任经理及编辑主任，徐志摩仍是灵魂。书店开办后，的确显出了生气，出版了一批很有影响的书。同时，北京的聚餐会形式也恢复起来。梁实秋回忆，他们的聚餐多是在胡适家里，由胡太太做菜，偶尔也在徐志摩家，照样是聊天、吃喝。在这样的聚会上，徐志摩还是大家的开心果，他一到场，就像一阵旋风卷来，横扫四座，有说，有笑，有表情，有动作，又像是一把火炬把每个人的心点燃。有一次，胡适提议与其这样浪费时间，不如每次有个题目，找一个人主讲比较有意义，总的题目可以是"中国往哪里去"，分别从经济、政治、社会、文化、道德各方面去讲。于是，这样的讨论进行了一段时间，大家又提议干脆办一个刊物，名字就叫《新月》。从《新月》发起的过程看来，这一伙人还是有强烈的政治关怀的，他们关心的话题虽然不一，但目的都是为中国找出路。

《新月》创刊，给了徐志摩又一次"露棱角"的机会，他执笔写下了发刊词《〈新月〉的态度》。这篇文章保持了他一贯的乐观调子，向读者解释"新月"的含义：虽然它不是一个怎样强有力的象征，但它那纤弱的一弯分明暗示着、怀抱着未来的圆满。他们想凭借这点集合的力量，希望为这时代的思想增加一些体魄，为这时代的生命添厚一些光辉。这些空洞的漂亮话，都是"诗哲"惯用的手笔，但除此之外，他也说到了一些具体的东西。

此时徐志摩的心境，已和主持《晨报副刊》时不大一样了，他对社会问题还很关注，但对参与政治活动失去了热情，在办刊思路上，和胡适、罗隆基等人有了分歧，更倾向于刊物还是立足于文艺。另外，他在办刊的事情上过于热心，不免在手续上不大讲究，令人觉得他是在独断专行，引起了部分同人的不满。《新月》2卷6期以后，徐志摩就不再负责编辑工作，继任者为梁实秋、罗隆基。1929 年秋，他又和陈梦家等年轻诗人筹办了《诗刊》杂志，想继续《诗镌》时期的集体探索，为新诗开路。

这种变化，或许与徐志摩对自己的认识有关。和陆小曼结婚后，为了生活他疲于奔命，对自己也有了越来越多的怀疑，自知不可能有更大的作为，终于甘心只做一个文人。

现实生活的压力、陆小曼的洋场奢华让徐志摩内心非常苦恼。1927 年初，徐志摩生发再次出国的想法，他曾在给胡适的信里说："我哪有一天不想往外国跑，翡冷翠与康桥最惹我的相思，但事实上的可能性小到我梦都不敢重做……只是叫我们哪里去找机会？"即使没有机会，徐志摩也要找机会，他在 1928 年 6 月，以想要去国外看望朋友，与泰戈尔见面为由开启了出国之旅。

徐志摩启程经日本赴美、英、印度等地游历，到 11 月的中旬回国。这次可以说是一次环球旅行，他的旅行是在释放国内生活给他的心情造成的压抑，也是在重温当年志气豪情地去出国留学的壮举。

徐志摩从上海黄浦江码头出发，先来到了日本。东京大地震后的人们凭着顽强的信心和不屈的意志把震后的东京建设得更好，徐志摩感到了日本民族的创造精神，他不禁赞叹，但是他的心情又是沉重和气愤的，因为早些天日本侵略者刚刚抢占济南，制造了济南惨案，他愤恨日本军国主义的败坏行为，他开始为国事难受，他厌恶日本人的侵略，他认为："简直没有把我们当'人'看待，且不说国家与主权，以及此外一切体面的字样，这还不是欺人太甚？"

经日本横穿太平洋，徐志摩到了美国，美国的哥伦比亚大学，是徐志摩的母校，徐志摩回到母校，触景生情，回想当年意义风发，如今的自己壮志未酬，却似乎已快到了头破血流的境地。之后，徐志摩到英国，按计划先去了南部的一个郡去看望恩厚之。当年泰戈尔访华时，徐志摩陪同他去山西时就了解了恩厚之的发展农村的实验建设工作，徐志摩对此一直很关心。恩厚之正在达廷顿庄园搞农村实验建设基地，徐志摩非常羡慕和欣赏，他有心回中国也要来实现当初就想完成的这个绿色方案，这样也能实现泰戈尔的一个梦。

离开了恩厚之，徐志摩来到梦里魂牵梦萦的"故乡"剑桥。相隔六年，徐志摩站在美丽妩媚的康河旁边，慨叹着这里的风景如画，追忆自己曾经在这里的美好时光：他记得他和林徽因一起静静地在康河边漫步，记得月光和雾在他们身旁缠绕的亦真亦幻的感觉……人世间最悲哀的不过是物是人非，徐志摩的心情此时此刻是复杂的，他念念不忘的人儿，如今却不能厮守在一起，他曾经的狂放和欢愉如今只能在这里怀念和倾诉，于是敞开心扉的他望着缓缓流淌的康河之水创作了《再别康桥》，以诉心扉。

这首脍炙人口的《再别康桥》正是徐志摩阔别剑桥大学

六年之后重游故地而作。这首诗低回婉转，洒脱中又含着婉约。多情自古伤离别，"轻轻地"字里行间渗着无尽的思念和对往事的怀念。忆往昔不曾回首，徐志摩在这样的一种难舍难割的情愫下离开了梦里都魂牵梦萦的剑桥，去拜访了在英国的其他老友。

徐志摩难以压制自己激动的心情，因为他可以再次见到给予自己精神鼓励和精神享受的罗素和狄更生，他们是徐志摩的良师益友，他们让徐志摩有机会了解更多的知识和文化，陶冶了自己的情操。

从太平洋穿越大西洋，徐志摩最后来到了印度。泰戈尔非常开心地接待了徐志摩，老人依旧是幽默风趣，和徐志摩像亲人一样聊天。徐志摩此行来印度，一是为了见泰戈尔，另一目的就是来参观泰戈尔在农村的实验基地。泰戈尔为徐志摩在印度的行程安排得很好。印度的朋友帮助泰戈尔举办聚会，一起分享专门为徐志摩作的素描画，还一起朗诵曾和徐志摩去日本的时候徐志摩写下的诗歌《沙扬娜拉》，恰好赶在孔子的诞辰日，泰戈尔特意安排了徐志摩到大学进行关于孔子的演讲，徐志摩非常兴奋。

在印度，徐志摩参观了泰戈尔的迪尼基顿农村建设基地，感受颇多。泰戈尔在苏鲁农村基地的开发和创造性建设让徐志摩大开眼界，那里的农村有学校、合作社、畜牧场、医院、文化活动中心等等，徐志摩对泰戈尔的造福于民的思想产生了深深的敬意。

11月徐志摩回到上海，这次的环球之旅让徐志摩的心情放松了许多，他的心里充满了希望，他迫不及待地想要投入到自己的事业中去。

诗人"教书匠"

回国后，徐志摩本以为自己的心境会有所改善，一切都会成为他想象中的样子，但是他感到上海还是老样子，陆小曼也还是老样子，他非常地失望。陆小曼习惯了奢侈的生活，徐志摩早已没有父亲的支援，为了贴补家用，徐志摩一直都身兼数职。早在1925年还在北京时，徐志摩就在北京大学英文系给学生们讲课，后来在1926年10月和陆小曼结婚后，因回硖石老家住，徐志摩辞去了北大的教授职务。在上海避乱期间，即从1927年春季光华大学开学后，徐志摩就一直在光华大学英国文学系当教授，1928年春兼任东吴大学教授，1929年秋又兼任南京中央大学外文系教授，此外，徐志摩还为中华书局选编文学丛书。在这样不辞辛苦的忙碌下，徐志摩的收入在当时已经达到千元以上却依旧不能满足陆小曼的奢侈生活，徐志摩感到沮丧，1931年决定回北京找胡适借住一阵，他还继续担任北京大学英文系以及女子大学外文系教授。如此看，说徐志摩是教书匠，一点也不为过。

徐志摩当教书匠一方面可以养家糊口，另一方面可以消磨时光，找些生活中的快乐。和学生们在一起，徐志摩总是快活的。徐志摩在光华大学任职于英国文学系，讲授的课程都是有关英美文学的，他开的课学生们都爱选听。

1930 年，徐志摩在给赵家璧这个班的学生们上课，他神采奕奕地给学生们讲述了自己第一次乘飞机的感受："我从白云里钻出，一忽儿，又躲进黑云里。这飞机，带着我的灵魂飞过高山，飞越大湖，飞在闹市上，飞在丛林间。我当时真希望，就这样飞出了这空气的牢笼，飞到整个的宇宙里去。我幻想我能飞在天王星与地王星的中间，用我轻视的目光，眺望着这一座人们以为了不得大的地球……"徐志摩带领着学生们去"遨游"，也许坐飞机并不能给学生们多大的启示，但是我们可以从中领会到徐志摩的感情真切动人和他自己像大孩子一样的纯真，亦如他在诗《云游》中所表达的。也正是在陆小曼施加的压力下，他只有走在云端，才能找回片刻属于自己的那一份安然和快乐。

徐志摩喜欢自然，他的课堂经常安排在大自然中。他喜欢靠在一棵老槐树下，为学生们讲述莎士比亚、雪莱、拜伦、波特莱尔、曼殊斐儿等，他的课程没有固定的教材，都是他自己精心挑选的适合学生们接受的作家作品。他一边给学生们教授知识，一边领悟自然的魅力，此时他可以暂时放下心中的包裹，感受那一直追求的不受拘禁的、放纵飘逸的心灵的慰藉。

1929 年徐志摩接到暨南大学的邀请，去做一次演讲。暨南大学秋叶社成立后第一次开讲，徐志摩是第一位受邀教授。他的这次讲演题目是《秋》，《秋》是一篇感情浓郁的散文。他的讲演声调抑扬顿挫，自然舒服，他在讲演中吐露出了自己在上海的生活和事业的真情实感，这篇《秋》和 1924 年徐志摩在北京师大做的演讲《落叶》有相似之处，都表达着徐志摩在回国后事业上或者感情上遇到了坎坷，心底里那秋天般的哀愁、迷茫与困惑。徐志摩把《秋》交给学生赵家璧时，赵家璧问他为什么和《落叶》一样，结尾都用欢呼式的英语 Everlasting yea，徐志摩回答说："这是英国哲学家托马斯·卡莱尔的话，意即千秋万代，永远向前！我用这来鼓励中国青年应当就在今天采取积极的、肯定的、向上的人生态度。我想望着一个伟大的革命，因此我在《落叶》里喊着。两年时间过去了，我盼望的事情出现没有呢？没有！但是我在《秋》的结束处，还是照样喊着，我对青年的希望没变，对未来的希望没变！"

徐志摩对青年的希望没变，对自己的希望更是没有变，即使上海这个大环境下人们的玩乐骄奢思想让徐志摩很是困惑，但他依旧相信未来是有希望的，无论如何，始终充满信念的徐志摩会一直努力挣脱枷锁，继续找寻希望的明星。

流星的陨落

1931 年 11 月 11 日，徐志摩搭了一架免费的飞机，飞到了南京，逗留两天之后，又乘车回到上海。一回家，他和陆小曼因为家中经济开销之事吵了一架，闹得很不愉快，在家没待上几天，他又匆匆北飞。11 月 18 日，徐志摩来到南京，晚上到好友张歆海家里去玩，那是他生前的最后一夜。和往常一样，徐志摩和大家谈笑风生。第二天一早，他搭乘那架要命不要钱的飞机，向北飞去了，为的是参加当天晚上林徽因在北平协和小礼堂为外国使者举办的关于中国建筑艺术的演讲会。当飞机抵达济南南部党家庄一带时，忽然大雾弥漫，难辨航向。机师为寻觅准确航线，只得降低飞行高度，不料飞机撞上开山，当即坠入山谷，机身起火，机上人员——两位机师与徐志摩全部遇难。

赶到济南处理后事的沈从文，在给杨金甫的信中报告：

飞机至泰山南一带，遇雾，误触开山山头，机身破毁，滚落于山脚之下，当即起火，志摩头部撞一巨洞，手足烧焦，为状至惨。

如果说沈从文的报告只交代事实，在胡适的描述下，惨剧则更多地被诗化了：

三百匹马力的飞机碰在一座终古不动的山上，我们的朋友额上受了一个致命的撞伤，大概立刻失去了知觉，半空中起了一团大火，像天上陨了一颗大星似的直掉下地去。我们的志摩和他的两个同伴就死在那烈焰里了！

这位诗坛巨星英年早逝的噩耗传来，震惊了海内外，胡适连呼："天才横死，损失的是中国文学！"在他的许多朋友中，包括师辈的梁启超，同辈的郁达夫、陈西滢、刘海粟，等，亦包括晚辈的陈梦家、沈从文等，没有一个不赞赏佩服他的才华和品行的：在人格方面，他真诚洒脱；在理想与现实中，他不满军阀混乱、生灵涂炭的社会现实，向往和追求英美式的资产阶级共和国的政治理想；在爱情上，徐志摩是个不折不扣的"情种"；在政治上亦是个赤子，他的许多散文揭露社会黑暗，抨击时弊，表现了资产阶级文人慷慨激昂的人道主义情感，这一点却被很多人忽略和误解；在文学创作和文学活动方面，他的诗歌、散文成就和"新月派"的影响力永久地刻印在中国现代文学的长廊上，熠熠生辉。

第五辑　徐志摩著作精选

（1）诗歌精选

石虎胡同七号

我们的小园庭，有时荡漾着无限温柔：
善笑的藤娘，袒酥怀任团团的柿掌绸缪，
百尺的槐翁，在微风中俯身将棠姑抱搂，
黄狗在篱边，守候睡熟的珀儿，它的小友，
小雀儿新制求婚的艳曲，在媚唱无休——
我们的小园庭，有时荡漾着无限温柔。

我们的小园庭，有时淡描着依稀的梦景；
雨过的苍茫与满庭荫绿，织成无声幽冥，
小蛙独坐在残兰的胸前，听隔院蚓鸣，
一片化不尽的雨云，倦展在老槐树顶，
掠檐前作圆形的舞旋，是蝙蝠，还是蜻蜓？
我们的小园庭，有时淡描着依稀的梦景。

我们的小园庭，有时轻喟着一声奈何；
奈何在暴雨时，雨槌下捣烂鲜红无数，
奈何在新秋时，未凋的青叶惆怅地辞树，
奈何在深夜里，月儿乘云艇归去，西墙已度；
远巷蔷露的乐音，一阵阵被冷风吹过——
我们的小园庭，有时轻喟着一声奈何。

我们的小园庭，有时沉浸在快乐之中；
雨后的黄昏，满院只美荫，清香与凉风，
大量的蹇翁，巨樽在手，蹇足直指天空，
一斤，两斤，杯底喝尽，满怀酒欢，满面酒红，
连珠的笑响中，浮沉着神仙似的酒翁——
我们的小园庭，有时沉浸在快乐之中。

常州天宁寺闻礼忏声

有如在火一般可爱的阳光里，偃卧在长梗的，杂乱的丛草里，听初夏第一声的鹂鸪，从天边直响入云中，从云中又回响到天边；

有如在月夜的沙漠里，月光温柔的手指，轻轻的抚摩着一颗颗热伤了的砂砾，在鹅绒般软滑的热带的空气里，听一

124

个骆驼的铃声，轻灵的，轻灵的，在远处响着，近了，近了，又远了……

有如在一个荒凉的山谷里，大胆的黄昏星，独自临照着阳光死去了的宇宙，野草与野树默默的祈祷着。听一个瞎子，手扶着一个幼童，铛的一响算命锣，在这黑沉沉的世界里回响着；

有如在大海里的一块礁石上，浪涛像猛虎般的狂扑着，天空紧紧的绷着黑云的厚幕，听大海向那威吓着的风暴，低声的，柔声的，忏悔他一切的罪恶；

有如在喜马拉雅的顶巅，听天外的风，追赶着天外的云的急步声，在无数雪亮的山壑间回响着；

有如在生命的舞台的幕背，听空虚的笑声，失望与痛苦的呼吁声，残杀与淫暴的狂欢声，厌世与自杀的高歌声，在生命的舞台上合奏着；

我听着了天宁寺的礼忏声！

这是那里来的神明？人间再没有这样的境界！

这鼓一声，钟一声，磬一声，木鱼一声，佛号一声……乐音在大殿里，迁缓的，曼长的回荡着，无数冲突的波流谐合了，无数相反的色彩净化了，无数现世的高低消灭了……

这一声佛号，一声钟，一声鼓，一声木鱼，一声磬，谐音盘礴在宇宙间——解开一小颗时间的埃尘，收束了无量数世纪的因果；

这是那里来的大和谐——星海里的光彩，大千世界的音籁，真生命的洪流：止息了一切的动，一切的扰攘；

在天地的尽头，在金漆的殿椽间，在佛像的眉宇间，在我的衣袖里，在耳鬓边，在官感里，在心灵里，在梦里……

在梦里，这一瞥间的显示，青天，白水，绿草，慈母温软的胸怀，是故乡吗？是故乡吗？

光明的翅羽，在无极中飞舞！

大圆觉底里流出的欢喜，在伟大的，庄严的，寂灭的，无疆的，和谐的静定中实现了！

颂美呀，涅槃！赞美呀，涅槃！

沪杭车中

匆匆匆！催催催！

一卷烟，一片山，几点云影，

一道水，一条桥，一支橹声，

一林松，一丛竹，红叶纷纷：

艳色的田野，艳色的秋景，

梦境似的分明，模糊，消隐，——

催催催！是车轮还是光阴？

催老了秋容，催老了人生！

去吧①

去吧，人间，去吧！

我独立在高山的峰上；

去吧，人间。去吧！

---

① 写于 1924 年 5 月 20 日，原题为《诗一首》，载于同年 6 月 17 日《晨报副刊》。

我面对着无极的穹苍。

去吧，青年，去吧！
与幽谷的香草同埋；
去吧，青年，去吧！
悲哀付与暮天的群鸦。

去吧，梦乡，去吧！
我把幻景的玉杯摔破；
去吧，梦乡，去吧！
我笑受山风与海涛之贺。

去吧，种种，去吧！
当前有插天的高峰；
去吧，一切，去吧！
当前有无穷的无穷

为要寻一个明星

我骑着一匹拐腿的瞎马，
向着黑夜里加鞭；——

向着黑夜里加鞭，

我跨着一匹拐腿的瞎马！

我冲入这黑绵绵的昏夜，

为要寻一颗明星；——

为要寻一颗明星，

我冲入这黑茫茫的荒野。

累坏了，累坏了我胯下的牲口，

那明星还不出现；——

那明星还不出现，

累坏了，累坏了马鞍上的身手。

这回天上透出了水晶似的光明，

荒野里倒着一只牲口，

黑夜里躺着一具尸首。——

这回天上透出了水晶似的光明！

在那山道旁

在那山道旁，一天雾蒙蒙的朝上，

初生的小蓝花在草丛里窥觑，
我送别她归去，与她在此分离，
在青草里飘拂，她的洁白的裙衣。

我不曾开言，她亦不曾告辞，
驻足在山道旁，我暗暗的寻思；
"吐露你的秘密，这不是最好时机？" ——
露沾的小草花，仿佛恼我的迟疑。

为什么迟疑，这是最后的时机，
在这山道旁，在这雾盲在朝上？
收集了勇气，向着她我旋转身去：——
但是啊！为什么她这满眼凄惶？

我咽住了我的话，低下了我的头：
火灼与冰激在我的心胸间回荡，
啊，我认识了我的命运，她的忧愁，——
在这浓雾里，在这凄清的道旁！

在那天朝上，在雾茫茫的山道旁，
新生的小蓝花在草丛里睥睨，
我目送她远去，与她从此分离——

130

在青草间飘拂，她那洁白的裙衣！

雪花的快乐①

假如我是一朵雪花，
翩翩的在半空里潇洒，
我一定认清我的方向——
飞扬，飞扬，飞扬，
这地面上有我的方向。

不去那冷寞的幽谷，
不去那凄清的山麓，
也不上荒街去惆怅——
飞扬，飞扬，飞扬，
你看，我有我的方向！

在半空里娟娟的飞舞，
认明了那清幽的住处，
等着她来花园里探望——

---

① 写于 1924 年 12 月 30 日，发表于 1925 年 1 月 17 日《现代评论》第一卷第 6 期。

飞扬，飞扬，飞扬，
啊，她身上有朱砂梅的清香！

那时我凭借我的身轻，
盈盈的，沾住了她的衣襟，
贴近她柔波似的心胸——
消溶，消溶，消溶，
溶入了她柔波似的心胸！

这是一个懦怯的世界

这是一个懦怯的世界：
容不得恋爱，容不得恋爱！
披散你的满头发，
赤露你的一双脚；
跟着我来，我的恋爱，
抛弃这个世界，
殉我们的恋爱！

我拉着你的手，
爱，你跟着我走；

听凭荆棘把我们的脚心刺透，

听凭冰雹劈破我们的头，

你跟着我走，

我拉着你的手，

逃出了牢笼，恢复我们的自由！

跟着我来，

我的恋爱！

人间已经掉落在我们的后背，

——看呀，这不是白茫茫的大海？

白茫茫的大海，

白茫茫的大海，

无边的自由，我与你与恋爱！

顺着我的指头看，

那天边一小星的蓝——

那是一座岛，岛上有青草，

鲜花，美丽的走兽与飞鸟；

快上这轻快的小艇，

去到那理想的天庭——

恋爱，欢欣，自由——

辞别了人间，永远！

一块晦色的路碑

脚步轻些，过路人！
休惊动那最可爱的灵魂，
如今安眠在这地下，
有绛色的野草花掩护她的余烬。

你且站定，在这无名的土阜边，
任晚风吹弄你的衣襟；
倘如这片刻的静定感动了你的悲悯，
让你的泪珠圆圆的滴下——
为这长眠着的美丽的灵魂！

过路人，假若你也曾
在这人间不平的道上颠顿，
让你此时的感愤凝成最锋利的悲悯，
在你的激震着的心叶上。
刺出一滴，两滴的鲜血——
为这遭冤屈的最纯洁的灵魂！

翡冷翠①的一夜②

你真的走了，明天？那我，那我，……

你也不用管，迟早有那一天；

你愿意记着我，就记着我，

要不然趁早忘了这世界上

有我，省得想起时空着恼，

只当是一个梦，一个幻想；

只当是前天我们见的残红，

怯怜怜的在风前抖擞，一瓣，

两瓣，落地，叫人踩，变泥……

唉，叫人踩，变泥——变了泥倒干净，

这半死不活的才叫是受罪，

看着寒伧，累赘，叫人白眼——

天呀！你何苦来，你何苦来……

我可忘不了你。那一天你来，

就比如黑暗的前途见了光彩，

你是我的先生，我爱，我的恩人，

你教给我什么是生命，什么是爱，

---

① 通译佛洛伦萨，意大利名城。

② 1925 年 3 月徐志摩访欧时在意大利作。

135

你惊醒我的昏迷，偿还我的天真，
没有你我哪知道天是高，草是青？
你摸摸我的心，它这下跳得多快；
再摸我的脸，烧得多焦，亏这夜黑
看不见；爱，我气都喘不过来了，
别亲我了；我受不住这烈火似的活，
这阵子我的灵魂就像是火砖上的
熟铁，在爱的锤子下，砸，砸，火花
四散的飞洒……我晕了，抱着我，
爱，就让我在这儿清静的园内，
闭着眼，死在你的胸前，多美！
头顶白杨树上的风声，沙沙的，
算是我的丧歌，这一阵清风，
橄榄林里吹来的，带着石榴花香，
就带了我的灵魂走，还有那萤火，
多情的殷勤的萤火，有他们照路，
我到了那三环洞的桥上再停步，
听你在这儿抱着我半暖的身体，
悲声的叫我，亲我，摇我，咂我，……
我就微笑的再跟着清风走，
随他领着我，天堂，地狱，哪儿都成，
反正丢了这可厌的人生，实现这死

在爱里，这爱中心的死，不强如

五百次的投生？……自私，我知道。

可我也管不着……你伴着我死？

什么，不成双就不是完全的"爱死"，

要飞升也得两对翅膀儿打伙，

进了天堂还不一样的要照顾，

我少不了你，你也不能没有我；

要是地狱，我单身去你更不放心，

你说地狱不定比这世界文明

（虽则我不信，）像我这娇嫩的花朵，

难保不再遭风暴，不叫雨打，

那时候我喊你，你也听不分明，——

那不是求解脱反投进了泥坑，

倒叫冷眼的鬼串通了冷心的人，

笑我的命运，笑你懦怯的粗心？

这话也有理，那叫我怎么办呢？

活着难，太难，就死也不得自由，

我又不愿你为我牺牲你的前程……

唉！你说还是活着等，等那一天！

有那一天吗？——你在，就是我的信心；

可是天亮你就得走，你真的忍心

丢了我走？我又不能留你，这是命；

137

但这花，没阳光晒，没甘露浸，

不死也不免瓣尖儿焦萎，多可怜！

你不能忘我，爱，除了在你的心里，

我再没有命；是，我听你的话，我等，

等铁树儿开花我也得耐心等；

爱，你永远是我头顶的一颗明星；

要是不幸死了，我就变一个萤火，

在这园里，挨着草根，暗沉沉的飞，

黄昏飞到半夜，半夜飞到天明，

只愿天空不生云，我望得见天，

天上那颗不变的大星，那是你，

但愿你为我多放光明，隔着夜，

隔着天，通着恋爱的灵犀一点……

六月十一日，一九二五年翡冷翠山中

海韵①

一

"女郎，单身的女郎，

---

① 初载于 1925 年 8 月 17 日《晨报·文学旬刊》。

你为什么留恋

这黄昏的海边？——

女郎，回家吧，女郎！"

"啊不；回家我不回，

我爱这晚风吹："——

在沙滩上，在暮霭里，

有一个散发的女郎——

徘徊，徘徊。

二

"女郎，散发的女郎，

你为什么彷徨

在这冷清的海上？

女郎，回家吧，女郎！"

"啊不；你听我唱歌，

大海，我唱，你来和："——

在星光下，在凉风里，

轻荡着少女的清音——

高吟，低哦。

三

"女郎，胆大的女郎！

那天边扯起了黑幕，

这顷刻间有恶风波——

女郎，回家吧，女郎!"

"啊不；你看我凌空舞，

学一个海鸥没海波:"——

在夜色里，在沙滩上，

急旋着一个苗条的身影——

婆娑，婆娑。

四

"听呀，那大海的震怒，

女郎回家吧，女郎!

看呀，那猛兽似的海波，

女郎，回家吧，女郎!"

"啊不；海波他不来吞我，

我爱这大海的颠簸!"

在这潮声里，在波光里，

啊，一个慌张的少女在海沫里，

蹉跎，蹉跎。

五

"女郎，在哪里，女郎?

在哪里，你嘹亮的歌声？

在哪里，你窈窕的身影？

在哪里，啊，勇敢的女郎？"

黑夜吞没了星辉，

这海边再没有光芒；

海潮吞没了沙滩，

沙滩上再不见女郎，——

再不见女郎！

我有一个恋爱

我有一个恋爱；——

我爱天上的明星；

我爱他们的晶莹：

人间没有这异样的神明。

在冷峭的暮冬的黄昏，

在寂寞的灰色的清晨。

在海上，在风雨后的山顶——

永远有一颗，万颗的明星！

山涧边小草花的知心，

高楼上小孩童的欢欣，

旅行人的灯亮与南针：——

万万里外闪烁的精灵！

我有一个破碎的魂灵，

像一堆破碎的水晶，

散布在荒野的枯草里——

饱啜你一瞬瞬的殷勤。

人生的冰激与柔情，

我也曾尝味，我也曾容忍；

有时阶砌下蟋蟀的秋吟，

引起我心伤，逼迫我泪零。

我袒露我的坦白的胸襟，

献爱与一天的明星，

任凭人生是幻是真

地球在或是消泯——

太空中永远有不昧的明星！

二十六日，半夜

142

她是睡着了

她是睡着了——
星光下一朵斜欹的白莲；
她入梦境了——
香炉里袅起一缕碧螺烟。

她是眠熟了——
涧泉幽抑了喧响的琴弦；
她在梦乡了——
粉蝶儿，翠蝶儿，翻飞的欢恋。

停匀的呼吸：
清芬渗透了她的周遭的清氛；
有福的清氛，
怀抱着，抚摩着，她纤纤的身形！

奢侈的光阴！
静，沙沙的尽是闪亮的黄金，
平铺着无垠，——
波鳞间轻漾着光艳的小艇。

醉心的光景：

给我披一件彩衣，啜一坛芳醴，

折一枝藤花，

舞，在葡萄丛中，颠倒，昏迷。

看呀，美丽！

三春的颜色移上了她的香肌，

是玫瑰，是月季，

是朝阳里的水仙，鲜妍，芳菲！

梦底的幽秘，

挑逗着她的心——她纯洁的灵魂

像一只蜂儿，

在花心，恣意的唐突——温存。

童真的梦境！

静默；休教惊断了梦神的殷勤；

抽一丝金络，

抽一丝银络，抽一丝晚霞的紫曛；

玉腕与金梭，

织缣似的精审，更番的穿度——

化生了彩霞，

神阙，安琪儿的歌，安琪儿的舞。

可爱的梨涡，

解释了处女的梦境的欢喜，

像一颗露珠，

颤动的，在荷盘中闪耀着晨曦！

落叶小唱

一阵声响转上了阶沿

（我正挨近着梦乡边；）

这回准是她的脚步了，我想——

在这深夜！

一声剥啄在我的窗上

（我正靠紧着睡乡旁；）

这准是她来闹着玩——你看，

我偏不张惶！

一个声息贴近我的床，

我说（一半是睡梦，一半是迷惘：）——
"你总不能明白我，你又何苦
多叫我心伤！"

一声喟息落在我的枕边
（我已在梦乡里留恋；）
"我负了你"你说——你的热泪
烫着我的脸！

这声响恼着我的梦魂
（落叶在庭前舞，一阵，又一阵；）
梦完了，呵，回复清醒；恼人的——
却只是秋声！

呻吟语

我亦愿意赞美这神奇的宇庙，
我亦愿意忘却了人间有忧愁，
像一只没挂累的梅花雀，
清朝上歌唱，黄昏时跳跃；——
假如她清风似的常在我的左右！

我亦想望我的诗句清水似的流，

我亦想望我的心池鱼似的悠悠；

但如今膏火是我的心，

再休问我闲暇的诗情？——

上帝！你一天不还她生命与自由！

客中

今晚天上有半轮的下弦月；

我想携着她的手，

往明月多处走——

一样是清光，我说，圆满或残缺。

园里有一树开剩的玉兰花；

她有的是爱花癖，

我爱看她的怜惜——

一样是芬芳，她说，满花与残花。

浓阴里有一只过时的夜莺；

她受了秋凉，

不如从前浏亮——

快死了，她说，但我不悔我的痴情！

但这莺，这一树花，这半轮月——

我独自沉吟。

对着我的身影——

她在那里，啊，为什么伤悲，凋谢，残缺？

我来扬子江边买一把莲蓬

我来扬子江边买一把莲蓬；

手剥一层层莲衣，

看江鸥在眼前飞，

忍含着一眼悲泪——

我想着你，我想着你，啊小龙！

我尝一尝莲瓢，回味曾经的温存：——

那阶前不卷的重帘，

掩护着同心的欢恋，

我又听着你的盟言：

"永远是你的，我的身体，我的灵魂。"

我尝一尝莲心，我的心比莲心苦；

我长夜里怔忡，

挣不开的噩梦，

谁知我的苦痛？

你害了我，爱，这日子叫我如何过？

但我不能责你负，我不忍猜你变。

我心肠只是一片柔：

你是我的！我依旧

将你紧紧的抱搂——

除非是天翻——但谁能想象那一天？

望月

月：我隔着窗纱，在黑暗中，

望她从巉岩的山肩挣起

一轮惺忪的不整的光华：

像一个处女，怀抱着贞洁，

惊惶的，挣出强暴的爪牙；

这使我想起你，我爱，当初
也曾在恶运的利齿间挨！
但如今，正如蓝天里明月，
你已升起在幸福的前峰，
洒光辉照亮地面的坎坷！

半夜深巷琵琶

又被它从睡梦中惊醒，深夜里的琵琶！
是谁的悲思，
是谁的手指，
像一阵凄风，像一阵惨雨，像一阵落花，
在这夜深深时，
在这睡昏昏时，
挑动着紧促的弦索，乱弹着宫商角徵，
和着这深夜，荒街，
柳梢头有残月挂，
啊，半轮的残月，像是破碎的希望他，他
头戴一顶开花帽，
身上带着铁链条，
在光阴的道上疯了似的跳，疯了似的笑，

完了，他说，吹糊你的灯，

她在坟墓的那一边等，

等你去亲吻，等你去亲吻，等你去亲吻！

偶然

我是天空里的一片云，

偶尔投影在你的波心——

你不必讶异，

更无须欢喜——

在转瞬间消灭了踪影。

你我相逢在黑夜的海上，

你有你的，我有我的，方向；

你记得也好，

最好你忘掉，

在这交会时互放的光亮！

阔的海

阔的海空的天我不需要，
我也不想放一只巨大的纸鹞
上天去捉弄四面八方的风；
我只要一分钟
我只要一点光
我只要一条缝，——
像一个小孩爬伏
在一间暗屋的窗前
望着西天边不死的一条
缝，一点
光，一分
钟。

（2）散文精选

泰山日出

我们在泰山顶上看出太阳。在航过海的人，看太阳从地平线下爬上来，本不是奇事；而且我个人是曾饱饫过红海与印度洋无比的日彩的。但在高山顶上看日出，尤其在泰山顶上，我们无餍的好奇心，当然盼望一种特异的境界，与平原或海上不同的。果然，我们初起时，天还暗沉沉的，西方是一片的铁青，东方些微有些白意，宇宙只是——如用旧词形容——一体莽莽苍苍的。但这是我一面感觉劲烈的晓寒，一面睡眼不曾十分醒豁时约略的印象。等到留心回览时，我不由得大声的狂叫——因为眼前只是一个见所未见的境界。原来昨夜整夜暴风的工程，却砌成一座普遍的云海。除了日观峰与我们所在的玉皇顶以外，东西南北只是平铺着弥漫的云气。在朝旭未露前，宛似无量数厚毳长绒的绵羊，交颈接背的眠着，卷耳与弯角都依稀辨认得出。那时候在这茫茫的云海中，我独自站在雾霭溟濛的小岛上，发生了奇异的幻想——

我躯体无限的长大，脚下的山峦比例我的身量，只是一块拳石；这巨人披着散发，长发在风里像一面黑色的大旗，飒飒的在飘荡。这巨人竖立在大地的顶尖上，仰面向着东方，平拓着一双长臂，在盼望，在迎接，在催促，在默默的叫唤；在崇拜，在祈祷，在流泪——在流久慕未见而将见悲喜交互的热泪……

这泪不是空流的，这默祷不是不生显应的。

巨人的手，指向着东方——

东方有的，在展露的，是什么？

东方有的是瑰丽荣华的色彩，东方有的是伟大普照的光明——出现了，到了，在这里了……

玫瑰汁，葡萄浆，紫荆液，玛瑙精，霜枫叶——大量的染工，在层累的云底工作，无数蜿蜒的鱼龙，爬进了苍白色的云堆。

一方的异彩，揭去了满天的睡意，唤醒了四隅的明霞——光明的神驹，在热奋地驰骋……

云海也活了；眠熟了兽形的涛澜，又回复了伟大的呼啸，昂头摇尾的向着我们朝露染青馒形的小岛冲洗，激起了四岸的水沫浪花，震荡着这生命的浮礁，似在报告光明与欢欣之临在……再看东方——海句力士已经扫荡了他的阻碍，雀屏似的金霞，从无垠的肩上产生，展开在大地的边沿。起……起……用力，用力。纯焰的圆颅，一探再探的跃出了地平，翻登了云背，临照在天空……

歌唱呀，赞美呀，这是东方之复活，这是光明的胜利……

散发祷祝的巨人，他的身彩横亘在无边的云海上，已经渐渐的消翳在普遍的欢欣里；现在他雄浑的颂美的歌声，也已在霞彩变幻中，普彻了四方八隅……

听呀，这普彻的欢声；看呀，这普照的光明！

我的祖母之死

一

> 一个单纯的孩子，
>
> 过他快活的时光，
>
> 兴冲冲的，活泼泼的，
>
> 何尝识别生存与死亡？

这四行诗是英国诗人华茨华斯① （William Wordsworth），

---

① 通译华兹华斯。

一首有名的小诗叫做"我们是七人"（We are seven）的开端，也就是他的全诗的主意。这位爱自然，爱儿童的诗人，有一次碰着一个八岁的小女孩，发卷蓬松的可爱，他问她兄弟姊妹共有几个，她说我们是七个，两个在城里，两个在外国，还有一个姊妹一个哥哥，在她家里附近教堂的墓园里埋着。但她小孩的心里，却分不清生与死的界限，她每晚携着她的干点心与小盘皿，到那墓园的草地里，独自的吃，独自的唱，唱给她的在土堆里眠着的兄姊听，虽则他们静悄悄的莫有回响，她烂漫的童心却不曾感到生死间有不可思议的阻隔；所以任凭华翁多方的譬解，她只是睁着一双灵动的小眼，回答说：

"可是，先生，我们还是七人。"

二

其实华翁自己的童真，也不让那小女孩的完全。他曾经说："在孩童时期，我不能相信我自己有一天也会得悄悄的躺在坟里，我的骸骨会得变成尘土。"又一次他对人说："我做孩子时最想不通的，是死的这回事将来也会得轮到我自己身上。"

孩子们天生是好奇的，他们要知道猫儿为什么要吃耗子，小弟弟从哪里变出来的，或是究竟先有鸡还是先有鸡蛋；但人生最重大的变端——死的现象与实在，他们也只能含糊的看过，我们不能期望一个个小孩子们都是搔头穷思的丹麦王子。他们临到丧故，往往跟着大人啼哭；但他只要眼泪一干，就会到院子里踢毽子，赶蝴蝶，即使在屋子里长眠不醒了的是他们的亲爹或亲娘，大哥或小妹，我们也不能盼望悼死的悲哀可以完全翳蚀了他们稚羊小狗似的欢欣。你如其对孩子说，你妈死了，你知道不知道——他十次里有九次只是对着你发呆；但他等到要妈叫妈，妈偏不应的时候，他的嫩颊上就会有热泪流下。但小孩天然的一种表情，往往可以给人们最深的感动。我生平最忘不了的一次电影，就是描写一个小孩爱恋已死母亲的种种天真的情景。她在园里看种花，园丁告诉她这花在泥里，浇下水去，就会长大起来。那天晚上天下大雨，她睡在床上，被雨声惊醒了，忽然想起园丁的话，她的小脑筋里就发生了绝妙的主意。她偷偷的爬出了床，走下楼梯，到书房里去拿下桌上供着的她死母的照片，一把揣在怀里，也不顾倾倒着的大雨，一直走到园里，在地上用园丁的小锄掘松了泥土，把她怀里的亲妈，谨慎的取了出来，栽在泥里，把松泥掩护着，她做完了工就蹲在那里守候，穿着白色的睡衣，在深夜的暴雨里，蹲在露天的地上，专心笃意的盼望已经死去的亲娘，像花草一般，从泥土里发长出来！

三

我初次遭逢亲属的大故，是二十年前我祖父的死，那时我还不满六岁。那是我生平第一次可怕的经验，但我追想当时的心理，我对于死的见解也不见得比华翁的那位小姑娘高明。我记得那天夜里，家里人吩咐祖父病重，他们今夜不睡了，但叫我和我的姊妹先上楼睡去，回头要我们时他们会来叫我的，我们就上楼去睡了，底下就是祖父的卧房，我那时也不十分明白，只知道今夜一定有很怕的事，有火烧，强盗抢，做怕梦，一样的可怕。我也不十分睡着，只听得楼下的急步声，碗碟声，唤婢仆声。隐隐的哭泣声，不息的响着。过了半夜，他们上来把我从睡梦里抱了下去，我醒过来只听得一片的哭声，他们已经把长条香点起来，一屋子的烟，一屋子的人，围拢在床前，哭的哭，喊的喊，我也挨了过去，在人丛里偷看大床里的好祖父。忽然听说醒了醒，哭喊声也歇了，我看见父亲趴在床里，把病父抱持在怀里。祖父倚在他的身上，双眼紧闭着，口里衔着一块黑色的药物，他说话了，很轻的声音，虽则我不曾听明他说的什么话，后来知道他经过了一阵昏晕，他又醒了过来对家人说："你们吃吓了，这算是小死。"他接着又说了好几句话，随讲音随低，呼气随微，去了，再不醒了，但我却不曾亲见最后的弥留，也许是我记不起，总之我那时早已跪在地板上，手里擎着香，跟着大众高声的哭喊了。

四

此后我在亲戚家收殓虽则看得不少，但死的实在的状况却不曾见过。我们念书人的幻想是比较的丰富，但往往因为有了幻想力，就不管生命现象的实在，结果是书呆子，陆放翁说的"百无一用是书生"。人生的范围是无穷的，我们少年时精力充足什么都不怕尝试，只愁没有出奇的事情做，往往抱怨这宇宙太窄，青天太低，大鹏似的翅膀飞不痛快，但是……但是平心的说，且不论奇的、怪的、特别的、离奇的，我们姑且试问人生里最基本的事实，最单纯的、最普遍的、最平庸的、最近人情的经验，我们究竟能有多少的把握，我们能有多少深彻的了解，我们是否都亲身经历过？譬如说：生产、恋爱、痛苦、悲、死、妒、恨、快乐、真疲倦、真饥饿、渴、毒焰似的渴、真的幸福、冻的刑罚、忏悔、种种的情热。我可以说，我们平常人生观、人类、人道、人情、真理、哲理、本能等等名词不离口吻的念书人们，什么文学家，什么哲学家——关于真正人生基本的事实的实在，知道的——恐怕是极微至少，即便不等于圆圈。我有一个朋友，他和夫人的感情极厚，一次他夫人临到难产，因为在外国，所以进医院什么都得他自己照料，最后医生宣言只有用手术一法，但性命不能担保，他没有法子，只好和他半死的夫人诀别（解剖时亲属不准在旁边）。满心毒魔似的难受，他出了医院，走在道上，走上桥去，像得了离魂病似的，心脉舂臼似的跳着，最后他听着了教堂和缓的钟声，他就不自主的跟着钟声，进了教堂，跟着做礼拜的跪着，祷告，忏悔，祈求，唱诗，流泪（他并不是信教的人），他这样的挨过时刻，后来回转医院时，一步步都是残酷的磨难，比上刑场的犯人，加倍的难受，他怕见医生与看护妇，仿佛他的命运是在他们的手掌里握着。事后他对人说："我这才知道了人生一点子的意味！"

五

所以不曾经历过精神或心灵的大变的人们，只是在生命的户外徘徊，也许偶尔猜想到几分墙内的动静，但总是浮的浅的，不切实的，甚至完全是隔膜的。人生也许是个空虚的幻梦，但在这幻象中，生与死，恋爱与痛苦，毕竟是陡起的奇峰，应得激动我们彷徨者的注意，在此中也许有可以感悟到一些幻里的真，虚中的实，这浮动的水泡不曾破裂以前，也应得饱吸自由的日光，反射几丝颜色！

我是一只不羁的野狗，我往往纵容想象的猖狂，诡辩人生的现实：比如凭借凹折的玻璃，觉察当前景色。但时而复再，我也能从烦嚣的杂响中听出清新的乐调，在炫耀的杂彩里，看出有条理的意匠。这次祖母的大故，老家庭的生活，给我不少静定的时刻，不少深刻的反省。我不敢说我因此感悟了部分的真理，或是取得了若干智慧；我只能说我因此与实际生活更深了一层的接触，益发激动我对奇的探讨，益发使我惊讶这迷迷的玄妙，不但死是神奇的现象，不但生命与呼吸是神奇的现象，就连日常的生活与习惯与迷信，也好像放射着异样的光闪，不容我们擅用一两个形容词来概状，更不容我们倡言什么主义来抹煞——一个革新者的热心，碰着了实在的寒冻！

六

我在我的日记里翻出一封不曾写完不曾付寄的信，是我祖母死后第二天的早上写的。我那时在极强烈的极鲜明的时刻内，很想把那几日经过感想与疑问，痛快的写给一个同情的好友，使他在数千里外也能分尝我强烈的鲜明的感情。那位同情的好友我选中了通伯，但那封信却只起了一个呆重的头，一为丧中忙，二是我那时眼热不耐用心，始终不曾写就，一直挨到现在再想补写，恐怕强烈已经变弱，鲜明已经变暗，逃亡的思绪，不易追获的了。我现在把那封残信录到这里，再来追摹当时的情景。

通伯：

我的祖母死了！从昨夜十时半起，直到现在，满屋子只是号啕呼抢的悲音，与和尚道士女僧的礼忏鼓磬声。二十年前祖父丧时的情景，如今又在眼前了。忘不了的情景！你愿否听我讲些？

我一路回家，怕的也许已经见不到老人，但老人却在生死的交关仿佛存心的弥留着，等待她最钟爱的孙儿——即不能与他开言诀别，也使他尚能把握她依然温暖的手掌，抚摩她依然跳动着的胸怀，凝视她依然能自开自阖虽则不再能表情的目睛。她的病是脑充血的一种，中医称为"卒中"（最难救的中风）。她十日前在暗房里踬仆倒地，从此不再开口出言，登仙似的结束了她八十四年的长寿，六十年良妻与贤母的辛勤，她现在已经永远的脱辞了烦恼的人间，还归她清静自在的来处。我们承受她一生的厚爱与荫泽的儿孙，此时亲见，将来追念，她最后的神化，不能自禁中怀的摧痛，热泪暴雨似的盆涌，然痛心中却亦隐有无穷的赞美，热泪中依稀想见她功成德备的微笑，无形中似有不朽的灵光，永远的临照她绵衍的后裔……

七

旧历的乞巧那一天，我们一大群快活的游踪，驴子灰的黄的白的，轿子四个脚夫抬的，正在山海关外，纡回的，曲折的绕登角山的栖贤寺，面对着残圮的长城，巨虫似的爬山越岭，隐入烟霭的迷茫。那晚回北戴河海滨住处，已经半夜，我们还打算天亮四点钟上莲峰山去看日出，我已经快上床，忽然想起了，也去问有信没有，听差递给我一封电报，家里来的四等电报。我就知道不妙，果然是"祖母病危速回"！我当晚就收拾行装，赶早上六时车到天津，晚上才上津浦快车。正嫌路远车慢，半路又为发水冲坏了轨道过不去，一停就停了十二点钟有余，在车里多过了一夜，直到第三天的中午方才过江上沪宁车。这趟车如其准点到上海，刚好可以接上沪杭的夜车，谁知道又误了点，误了不多不少的一分钟，一面我们的车进站，他们的车头鸣的一声叫，别断别断的去了！我若然悬空身子，还可以冒险跳车，偏偏我的一双手又被行李雇定了，所以只得定着眼睛送沪杭车离站远去，直到八月二十二日的中午我方才到家。我给通伯的信说"怕的是已经见不着老人"，在路上那几天真是难受，缩不短的距离没有法子，但是那急人的水发，急人的火车，几面凑拢来，叫我整整的迟一昼夜到家！试想病危了的八十四岁的老人，这二十四点钟不是容易过的，说不定她刚巧在这个期间内有什么动静，那才叫人抱愧哩！可是结果还算没有多大的差池——她老人家还在生死的交关等着！

八

奶奶——奶奶——奶奶！奶——奶！你的孙儿回来了，奶奶！没有回音。老太太阖着眼，仰面躺在床里，右手拿着一把半旧的雕翎扇很自在的扇动着。老太太原来就怕热，每到暑天总是扇子不离手的，那几天又是特别的热。这还不是好好的老太太，呼吸顶匀净的，定是睡着了，谁说危险！奶奶，奶奶！她把扇子放下了，伸手去摸着头顶上挂着的冰袋，一把抓得紧紧的，呼了一口长气，像是暑天赶道儿的喝了一碗凉汤似的，这不是她明明的有感觉不是？我把她的手握在手里，她似乎感觉我手心的热，可是她也让我握着，她开了眼了！右眼张得比左眼开些，瞳子却是发呆，我拿手指在她的眼前一挑，她也没有瞬，那准是她瞧不见了——奶奶！奶奶，——她也真没有听见，难道她真是病了，真是危险，这样爱我疼我宠我的好祖母，难道真会得……我心里一阵的难受，鼻子里一阵的酸，滚热的眼泪就迸了出来。这时候床前已经挤满了人，我的这位，我的那位，我一眼看过去，只见一片惨白忧愁的面色，一只只装满了泪珠的眼眶。我的妈更看的憔悴。她们已经伺候了六天六夜，妈对我讲祖母这回不幸的情形，怎样的她夜饭前还在大厅上吩咐事情，怎样的饭后进房去自己擦脸，不知怎样的闪了下去，外面人听着响声才进去，已经是不能开口了，怎样的请医生，一直到现在还没有转机……

　　一个人到了天伦骨肉的中间，整套的思想情绪，就变换了式样与颜色。你的不自然的口音与语法没有用了；你的耀眼的袍服可以不必穿了；你的洁白的天使的翅膀，预备飞翔出人间到天堂的，不便在你的慈母跟前自由的开豁；你的理想的楼台亭阁，也不易轻易的放进这二百年的老屋；你的佩剑，要塞，以及种种的防御，在争竞的外界即使是必要的，到此只是可笑的累赘。在这里，不比在其余的地方，他们所

164

要求于你的，只是随熟的声音与笑貌，只是好的，纯粹的本性，只是一个没有斑点子的赤裸裸的好心。在这些纯爱的骨肉的经纬中间，不由得你不从你的天性里抽出最柔糯亦最有力的几缕丝线来加密或是缝补这幅天伦的结构。

所以我那时坐在祖母的床边，含着两朵热泪，听母亲叙述她的病况，我脑中发生了异常的感想，我像是至少逃回了二十年的光阴，正如我膝前子侄辈一般的高矮，回复了一片纯朴的童真，早上走来祖母的床前，揭开帐子叫一声软和的奶奶，她也回叫了我一声，伸手到里床去摸给我一个蜜枣或是三片状元糕，我又叫一声奶奶，出去玩了，那是如何可爱的辰光，如何可爱的天真，但如今没有了，再也不回来了。现在床里躺着的，还不是我亲爱的祖母，十个月前我伴着到普陀登山拜佛清健的祖母，但现在何以不再答应我的呼唤，何以不再能表情，不再能说话，她的灵性哪里去了？

九

一天，一天，又是一天——在垂危的病榻前过的时刻，不比平常飞驶无碍的光阴，时钟上同样的一声嘀嗒，直接的打在你的焦急的心里，给你一种模糊的隐痛——祖母还是照样的眠着，右手的脉自从起病以来已是极微仅有的，但不能动弹的却反是有脉的左侧，右手还时不时在挥扇，但她的呼吸还是一例的平均，面容虽不免瘦削，光泽依然不减，并没

165

有显著的衰象，所以我们在旁边看她的，差不多每分钟都盼望她从这长期的睡眠中醒来，打一个哈欠，就开眼见人，开口说话——果然她醒了过来，我们也不会觉得离奇，像是原来应当似的。但这究竟是我们亲人绝望中的盼望，实际上所有的医生，中医，西医，针医，都已一致的回绝，说这是"不治之症"，中医说这脉象是凭证，西医说脑壳里血管破裂，虽则植物性机能——呼吸，消化——不曾停止，但言语中枢已经断绝——此外更专门更玄学更科学的理论我也记不得了。所以暂时不变的原因，就在老太太本来的体元太好了，拳术家说的"一时不能散工"，并不是病有转机的兆头。

　　我们自己人也何尝不明白这是个绝症；但我们却总不忍自认是绝望：这"不忍"便是人情。我有时在病榻前，在凄恺的静默中，发生了重大的疑问。科学家说人的意识与灵感，只是神经系最高的作用，这复杂，微妙的机械，只要部分有了损伤或是停顿，全体的动作便发生相当的影响；如其最重要的部分受了扰乱，他不是变成反常的疯癫，便是完全的失去意识。照这一说，体即是用，离了体即没有用；灵魂是宗教家的大谎，人的身体一死什么都完了。这是最干脆不过的说法，我们活着时有这样有那样已经尽够麻烦，尽够受，谁还有兴致，谁还愿意到坟墓的那一边再去发生关系，地狱也许是黑暗的，天堂是光明的，但光明与黑暗的区别无非是人类专擅的假定，我们只要摆脱这皮囊，还归我清静，我就不愿意头戴一个黄色的空圈子，合着手掌跪在云端里受罪！

再回到事实上来，我的祖母——一位神智最清明的老太太——究竟在哪里？我既然不能断定因为神经部分的震裂她的灵感性便永远的消灭，但同时她又分明的失却了表情的能力，我只能设想她人格的自觉性，也许比平时消淡了不少，却依旧是在着，像在梦魇里将醒未醒时似的，明知她的儿女孙曾不住的叫唤她醒来，明知她即使要永别也总还有多少的嘱咐，但是可怜她的眼球再不能反映外界的印象，她的声带与口舌再不能表达她内心的情意，隔着这脆弱的肉体的关系，她的性灵再不能与她最亲的骨肉自由的交通——也许她也在整天整夜的伴着我们焦急，伴着我们伤心，伴着我们出泪，这才是可怜，这才真叫人悲感哩！

十

到了八月二十七那天，离她起病的第十一天，医生吩咐脉象大大的变了，叫我们当心，这十一天内每天她很困难的只咽入几滴稀薄的米汤，现在她的面上的光泽也不如早几天了，她的目眶更陷落了，她的口部的肌肉也更宽弛了，她右手的动作也减少了，即使拿起了扇子也不再能很自然的扇动了——她的大限的确已经到了。但是到晚饭后，反是没有什么显象。同时一家人着了忙，准备寿衣的，准备冥银的，准备香灯等等的。我从里走出外，又从外走进里，只见匆忙的脚步与严肃的面容。这时病人的大动脉已经微细的不可辨，虽则呼吸还不至怎样的急促。这时一门的骨肉已经齐集在病房里，等候那不可避免的时刻。到了十时光景，我和我的父亲正坐在房的那一头一张床上，忽然听得一个哭叫的声音说——"大家快来看呀，老太太的眼睛张大了！"这尖锐的喊声，仿佛是一大桶的冰水浇在我的身上，我所有的毛管一齐竖了起来，我们跟跄的奔到了床前，挤进了人丛。果然，老太太的眼睛张大了，张得很大了！这是我一生从不曾见过，也是我一辈子忘不了的眼见的神奇。（恕罪我的描写！）不但是两眼，面容也是绝对的神变了（transfigured）；她原来皱缩的面上，发出一种鲜润的彩泽，仿佛半瘀的血脉，又一次在全身通畅了。她那布满皱纹的面颊也都回复了异样的丰润；同时她的呼吸渐渐的上升，急进的短促，现在已经几乎脱离了气管，只在鼻孔里脆响的呼出了。但是最神奇不过的是一只眼睛！她的瞳孔早已失去了收敛性，呆顿的放大了。但是最后那几秒钟，不但眼眶是充分的张开了，不但黑白分明，瞳孔锐利的紧敛了，并且放射着一种不可形容，不可信的辉光，我只能称它为"生命最集中的灵光"！这时候床前只是一片的哭声，子媳唤着娘，孙子唤着祖母，婢仆争喊着老太太，几个稚龄的曾孙，也跟着狂叫太太……但老太太最后的开眼，仿佛是与她亲爱的骨肉，作无言的诀别，我们都在号泣的送终，她也安慰了，她放心的去了。在几秒钟内，死的黑影已经移上了老人的面部，遏灭了生命的异彩，她最后的呼气，正似水泡破裂，电光杳灭，菩提的一响，生命呼出了窍，什么都止息了。

十一

我满心充塞了死象的神奇，同时又须顾管我有病的母亲，她那时出性的号啕，在地板上滚着，我自己反而哭不出来；我自己也觉得奇怪，眼看着一家长幼的涕泪滂沱，耳听着狂沸似的呼抢号叫，我不但不发生同情的反应，却反而达到一个超感情的，静定的，幽妙的意境，我想象的看见祖母脱离了躯壳与人间，穿着雪白的长袍，冉冉的上升天去，我只想默默的跪在尘埃，赞美她一生的功德，赞美她一生的圆寂。这是我的设想！我们内地人却没有这样纯粹的宗教思想；他们的假定是不论死的是高年厚德的老人或是无知无愆的幼孩，或是罪大恶极的凶人，临到弥留的时刻总是一例的有无常鬼，摸壁鬼，牛头马面，赤发獠牙的阴差等等到门，拿着镣链枷锁，来捉拿阴魂到案。所以烧纸帛是平他们的暴戾，最后的呼抢是没奈何的诀别。这也许是大部分临死时实在的情景，但我们却不能概定所有的灵魂都不免遭受这样的凌辱。譬如我们的祖老太太的死，我能想象她是登天，只能想象她慈祥的神化——像那样鼎沸的号啕，固然是至性不能

自禁，但我总以为不如匍伏隐泣或祷默，较为近情，较为合理

理智发达了，感情便失去了自然的浓挚；厌世主义的看来，眼泪与笑声一样是空虚的，无意义的。但厌世主义姑且不论，我却不相信理智的发达，会得妨碍天然的情感；如其教育真有效力，我以为效力就在剥削了不合理性的"感情作用"，但决不会有损真纯的感情；他眼泪也许比一般人流得少些，但他等到流泪的时候，他的泪才是应流的泪。我也是智识愈开流泪愈少的一个人，但这一次却也真的哭了好几次。一次是伴我的姑母哭的，她为产后不曾复元，所以祖母的病一直瞒着她，一直到了祖母故后的早上方才通知她。她扶病来了，她还不曾下轿，我已经听出她在啜泣，我一时感觉一阵的悲伤，等到她出轿放声时，我也在房中歔欷不住。又一次是伴祖母当年的赠嫁婢哭的。她比祖母小十一岁，今年七十三岁，亦已是个白发的婆子，她也来哭她的"小姐"，她是见着我祖母的花烛的惟一的一个人，她的一哭我也哭了。

再有是伴我的父亲哭的。我总是觉得一个身体伟大的人，他动情感的时候，动人的力量也比平常人伟大些。我见了我父亲哭泣，我就忍不住要伴着潸泪。但是感动我最强烈的几次，是他一人倒在床里，反复的啜泣着，叫着妈，像一个小孩似的，我就感到最热烈的伤感，在他伟大的心胸里浪

170

涛似的起伏，我就感到母子的感情的确是一切感情的起源与总结，等到一失慈爱的荫蔽，仿佛一生的事业顿时莫有了根底，所有的欢乐都不能填平这惟一的缺陷；所以他这一哭，我也真哭了。但是我的祖母果真是死了吗？她的躯体是的，但她是不死的。诗人勃兰恩德（Bryant）说：

So live, that when thy summons comes to join the innumerable caravan, which moves to that mysterious realm where each one takes his chamber in the silent halls of death, then go not, like the qoarry slave at night scourged to his dungeon, but sust ained and soothed.

By an unfaltering truth, approach thy grave like one that wraps the drapery of his couch, about him, and lies doun to pleasant dreams.

如果我们的生前是尽责任的，是无愧的，我们就会安坦的走近我们的坟墓，我们的灵魂里不会有惭愧或悔恨的齿痕。人生自生至死，如勃兰恩德的比喻，真是大队的旅客在不尽的沙漠中进行，只要良心有个安顿，到夜里你卧倒在帐幕里也就不怕噩梦来缠绕。

我的祖母，在那旧式的环境里，到我们家来五十九年，真像是做了长期的苦工，她何尝有一日的安闲，不必说子女的嫁娶，就是一家的柴米油盐，扫地抹桌子，哪一件事不在八十岁老人早晚的心上！我的伯父快近六十岁了，但他的起居饮食，还差不多完全是祖母经管的，初出世的曾孙如其有些身热咳嗽，老太太晚上就睡不安稳；她爱我宠我的深情，更不是文字所能描写；她那深厚的慈荫，真是无所不包，无所不蔽；但她的身心即使劳碌了一生，她的报酬却在灵魂的无上平安；她的安慰就在她的儿女孙曾，只要我们能够步到她的前列，各尽天定的责任，她在冥冥中也就永远的微笑了。

十一月二十四日

泰戈尔

我有几句话想趁这个机会对诸君讲，不知道你们有没有耐心听。泰戈尔先生快走了，在几天内他就离别北京，在一两个星期内他就告辞中国。他这一去大约是不会再来的了。也许他永远不能再到中国。

他是六七十岁的老人，他非但身体不强健，他并且是有病的。去年秋天他还发了一次很重的骨痛热病。所以他要到中国来，不但他的家属，他的亲戚朋友，他的医生，都不愿意他冒险，就是他欧洲的朋友，比如法国的罗曼罗兰，也都有信去劝阻他。他自己也曾经踌躇了好久，他心里常常盘算他如其到中国来，他究竟能不能够给我们好处，他想中国人自有他们的诗人，思想家，教育家，他们有他们的智慧，天才，心智的财富与营养，他们更用不着外来的补助与载刺，我只是一个诗人，我没有宗教家的福音，没有哲学家的理论，更没有科学家实利的效用，或是工程师建设的才能，他们要我去做什么，我自己又为什么要去，我有什么礼物带去满足他们的盼望！他真的很觉得迟疑，所以他延迟了他的行期。但是他也对我们说到冬天完了，春风吹动的时候（印度的春风比我们的吹得早），他不由的感觉了一种内迫的冲动，他面对着逐渐滋长的青草与鲜花，不由的抛弃了，忘却了他应尽的职务，不由的解放了他的歌唱的本能，和着新来的鸣雀，在柔软的南风中开怀的讴吟，同时他收到我们催请的信，我们青年盼望他的诚意与热心，唤起了老人的勇气。他立即定夺了他东来的决心。他说趁我暮年的肢体不曾僵透，趁我衰老的心灵还能感受，决不可错过这最后惟一的机会，这博大，从容，礼让的民族，我幼年时便发心朝拜，与其将来在黄昏寂静的境界中萎衰的惆怅，何如利用这夕阳未暝时的光芒，了却我晋香人的心愿？

他所以决意的东来，他不顾亲友的劝阻，医生的警告，不顾他自己的高年与病体，他也撇开了在本国迫切的任务，跋涉了万里的海程，他来到了中国。

自从四月十二在上海登岸以来，可怜老人不曾有过一半天完整的休息，旅行的劳顿不必说，单就公开的演讲以及较小集会时的谈话，至少也有了三四十次！他的，我们知道，不是教授们的讲义，不是教士们的讲道，他的心府不是堆积货品的栈房，他的辞令不是教科书的喇叭。他是灵活的泉水，一颗颗颤动的圆珠从池心里兢兢的泛登水面，都是生命的精液；他是瀑布的吼声，在白云间，青林中，石罅里，不住的啸响；他是百灵的歌声，他的欢欣、愤慨，响亮的谐音，弥漫在无际的晴空。但是他是倦了，终夜的狂歌已经耗尽了子规的精力，东方的曙色亦照出他点点的心血染红了蔷薇枝上的白露。

老人是疲乏了。这几天他睡眠也不得安宁。他已经透支了他有限的精力。他差不多是靠散拿吐瑾过日的，他不由的不感觉风尘的厌倦，他时常想念他少年时在恒河边沿拍浮的清福，他想望椰树的清荫与曼果的甜瓢。

但他还不仅是身体的惫劳，他也感觉心境的不舒畅。这是很不幸的。我们做主人的只是深深的负歉。他这次来华，不为游历，不为政治，更不为私人的利益，他熬着高年，冒着病体，抛弃自身的事业，备尝行旅的辛苦，他究竟为的是什么？他为的只是一点看不见的情感。说远一点，他的使命是在修补中国与印度两民族间中断千余年的桥梁，说近一点，他只想感召我们青年真挚的同情。因为他是信仰生命的，他是尊崇青年的，他是歌颂青春与清晨的，他永远指点着前途的光明。悲悯是当初释迦牟尼证果的动机，悲悯也是泰戈尔先生不辞艰苦的动机。现代的文明只是骇人的浪费，贪淫与残暴，自私与自大，相猜与相忌，飓风似的倾覆了人道的平衡，产生了巨大的毁灭。芜秽的心田里只是误解的蔓草，毒害同情的种子，更没有收成的希冀。在这个荒惨的境地里，难得有少数的丈夫，不怕阻难，不自馁怯，肩上扛着铲除误解的大锄，口袋里满装着新鲜人道的种子，不问天时是阴是雨是晴，不问是早晨是黄昏是黑夜，他只是努力的工作，清理一方泥土，施殖一方生命，同时口唱着嘹亮的新歌，鼓舞在黑暗中将次透露的萌芽，泰戈尔先生就是这少数中的一个。他是来广布同情的，他是来消除成见的。我们亲眼见过他慈祥的阳春似的表情，亲耳听过他从心灵底里迸裂出的大声，我想只要我们的良心不曾受恶毒的烟煤熏黑，或是被恶浊的偏见污抹，谁不曾感觉他赤诚的力量，魔术似的，为我们生命的前途开辟了一个神奇的境界，燃点了理想的光明？所以我们也懂得他的深刻的懊怅与失望，如其他知道部分的青年不但不能容纳他的灵感，并且成心的诬毁他的热忱。我们固然奖励思想的独立，但我们决不敢附和误解的自由。他生平最满意的成绩就在他永远能得青年的同情，不论在德国，在丹麦，在美国，在日本，青年永远是他最忠心的朋友。他也曾经遭受种种的误解与攻击，政府的猜疑与报纸的诬毁与守旧派的讥评，不论如何的谬妄与剧烈，从不曾扰动他优容的大量，他的希望，他的信仰，他的爱心，他的至诚，完全的托付青年。我的须，我的发是白的，但我的心却永远是青的，他常常的对我们说，只要青年是我的知己，我理想的将来就有着落，我乐观的明灯永远不致暗淡，他不能相信纯洁的青年也会坠落在怀疑，猜忌，卑琐的泥涸。他更不能信中国遭受意外的待遇。他很不自在，他很感觉异样的怆心。

因此精神的懊丧更加重他躯体的倦劳。他差不多是病了。我们当然很焦急的期望他的健康，但他再没有心境继续他的讲演。我们恐怕今天就是他在北京公开讲演最后的一个机会。他有休养的必要。我们也决不忍再使他耗费他有限的精力。他不久又有长途的跋涉，他不能不有三四天完全的养息，所以从今天起，所有已经约定的会集，公开与私人的，一概撤消，他今天就出城去静养。

我们关切他的一定可以原谅，就是一小部分不愿意他来作客的诸君也可以自喜战略的成功。他是病了，他在北京不再开口了，他快走了，他从此不再来了。但是同学们，我们也得平心的想想，老人到底有什么罪，他有什么负心，他有什么不可容赦的犯案？公道是死了吗，为什么听不见你的声音？

他们说他是守旧，说他是顽固。我们能相信吗？他们说他是"太迟"，说他是"不合时宜"，我们能相信吗？他自己是不能信，真的不能信。他说这一定是滑稽家的反调。他一生所遭逢的批评只是太新，太早，太急进，太激烈，太革命的，太理想的，他六十年的生涯只是不断的奋斗与冲锋，他现在还只是冲锋与奋斗。但是他们说他是守旧，太迟，太老。他顽固奋斗的对象只是暴烈主义，资本主义，帝国主义，武力主义，杀灭性灵的物质主义；他主张的只是创造的生活，心灵的自由，国际的和平，教育的改造，普爱的实现。但他们说他是帝国政策的间谍，资本主义的助力，亡国奴族的流民，提倡裹脚的狂人！肮脏是在我们的政策与暴徒的心里，与我们的诗人又有什么关联？昏乱是在我们冒名的学者与文人的脑里，与我们的诗人又有什么亲属？我们何妨说太阳是黑的，我们何妨说苍蝇是真理？同学们，听信我的话，像他的这样伟大的声音我们也许一辈子再不会听着的了。留神目前的机会，预防将来的惆怅！他的人格我们只能到历史上去搜寻比拟。他的博大的温柔的灵魂我敢说永远是人类记忆里的一次灵迹。他的无边际的想象与辽阔的同情使我们想起惠德曼；他的博爱的福音与宣传的热心使我们记起托尔斯泰；他的坚韧的意志与艺术的天才使我们想起造摩西像的密仡郎其罗（现译"米开朗琪罗"）；他的诙谐与智慧使我们想象当年的苏格拉底与老聃；他的人格的和谐与优美使我们想念暮年的葛德；他的慈祥的纯爱的抚摩，他的为人道不厌的努力，他的磅礴的大声，有时竟使我们唤起救主的心像；他的光彩，他的音乐，他的雄伟，使我们想念奥林必克山顶的大神。他是不可侵凌的，不可逾越的，他是自然界的一个神秘的现象。他是三春和暖的南风，惊醒树枝上的新芽，增添处女颊上的红晕。他是普照的阳光。他是一派浩瀚的大水，来自不可追寻的渊源，在大地的怀抱中终古的流着，不息的流着，我们只是两岸的居民，凭借这慈恩的天赋，灌溉我们的田稻，苏解我们的消渴，洗净我们的污垢。他是喜马拉雅积雪的山峰，一般的崇高，一般的纯洁，一般的壮丽，一般的高傲，只有无限的青天枕藉他银白的头颅。

　　人格是一个不可错误的实在，荒歉是一件大事，但我们是饿惯了的，只认鸠形与鹄面是人生本来的面目，永远忘却了真健康的颜色与彩泽。标准的低降是一种可耻的堕落；我们只是踞坐在井底的青蛙。但我们更没有怀疑的余地。我们也许揣详东方的初白，却不能非议中天的太阳。我们也许见惯了阴霾的天时，不耐这热烈的光焰，消散天空的云雾，暴露地面的荒芜，但同时在我们心灵的深处，我们岂不也感觉一个新鲜的影响，催促我们生命的跳动，唤醒潜在的想望，仿佛是武士望见了前峰烽烟的信号，更不踌躇的奋勇向前？只有接近了这样超轶的纯粹的丈夫，这样不可错误的实在，我们方始相形的自愧我们的口不够阔大，我们的嗓音不够响亮，我们的呼吸不够深长，我们的信仰不够坚定，我们的理想不够莹澈，我们的自由不够磅礴，我们的语言不够明白，我们的情感不够热烈，我们的努力不够勇猛，我们的资本不够充实……

我自信我不是恣滥不切事理的崇拜，我如其曾经应用浓烈的文字，这是因为我不能自制我浓烈的感想。但我最急切要声明的是，我们的诗人，虽则常常招受神秘的徽号，在事实上却是最清明，最有趣，最诙谐，最不神秘的生灵。他是最通达人情，最近人情的。我盼望有机会追写他日常的生活与谈话。如其我是犯嫌疑的，如其我也是性近神秘的（有好多朋友这么说），你们还有适之先生的见证，他也说他是最可爱最可亲的个人；我们可以相信适之先生绝对没有"性近神秘"的嫌疑！所以无论他怎样的伟大与深厚，我们的诗人还只是有骨有血的人，不是野人，也不是天神。惟其是人，尤其是最富情感的人，所以他到处要求人道的温暖与安慰，他尤其要我们中国青年的同情与情爱。他已经为我们尽了责任，我们不应，更不忍辜负他的期望。同学们，爱你的爱，崇拜你的崇拜，是人情不是罪孽，是勇敢不是懦怯。

十二日在真光讲

济慈的夜莺歌

诗中有济慈（John Keats）的《夜莺歌》，与禽中有夜莺一样的神奇。除非你亲耳听过，你不容易相信树林里有一类发痴的鸟，天晚了才开口唱，在黑暗里倾吐他的妙乐，愈唱愈有劲，往往直唱到天亮，连真的心血都跟着歌声从他的血管里呕出；除非你亲自咀嚼过，你也不易相信一个二十三岁的青年有一天早饭后坐在一株李树底下迅笔的写，不到三小时写成了一首八段八十行的长歌，这歌里的音乐与夜莺的歌声一样的不可理解，同是宇宙间一个奇迹，即使有那一天大英帝国破裂成无可记认的断片时，《夜莺歌》依旧保有他无比的价值：万万里外的星亘古的亮着，树林里的夜莺到时候就来唱着，济慈的夜莺歌永远在人类的记忆里存着。

那年济慈住在伦敦的 Wentworth Place。百年前的伦敦与现在的英京大不相同，那时候"文明"的沾染比较的不深，所以华茨华斯站在威士明治德桥上，还可以放心的讴歌清晨的伦敦，还有福气在"无烟的空气"里呼吸，望出去也还看得见。"田地、小山、石头、旷野，一直开拓到天边"。那时候的人，我猜想，也一定比较的不野蛮，近人情，爱自然，所以白天听得着满天的云雀，夜里听得着夜莺的妙乐。要是济慈迟一百年出世，在夜莺绝迹了的伦敦市里住着，他别的著作不敢说，这首夜莺歌至少，怕就不会成功，供人类无尽期的享受。说起真觉得可惨，在我们南方，古迹而兼是艺术品的，止淘成①了西湖上一座孤单的雷峰塔，这千百年来雷峰塔的文学还不曾见面，雷峰塔的映影已经永别了波心！也许我们的灵性是麻皮做的，木屑做的，要不然这时代普遍的苦痛与烦恼的呼声还不是最富灵感的天然音乐；——但是我们的济慈在那里？我们的《夜莺歌》在那里？济慈有一次低低的自语——"I feel the flowers growing on me"。意思是"我觉得鲜花一朵朵的长上了我的身"，就是说他一想着了鲜花，他的本体就变成了鲜花，在草丛里掩映着，在阳光里闪亮着，在和风里一瓣瓣的无形的伸展着，在蜂蝶轻薄的口吻下羞晕着。这是想象力最纯粹的境界：孙猴子能七十二般变化，诗人的变化力更是不可限量——莎士比亚戏剧里至少有一百多个永远有生命的人物，男的女的、贵的贱的、伟大的、卑琐的、严肃的、滑稽的，还不是他自己摇身一变变出来的。济慈与雪莱最有这与自然谐合的变术；——雪莱制《云歌》时我们不知道雪莱变了云还是云变了；雪莱歌《西风》时不知道歌者是西风还是西风是歌者；颂《云雀》时不知道是诗人在九霄云端里唱着还是百灵鸟在字句里叫着；同样的济慈咏"忧郁""Odeon Melancholy"时他自己就变了忧郁本体，"忽然从天上掉下来像一朵哭泣的云"：他赞美"秋""To Autumn"时他自己就是在树叶底下挂着

① 淘成，浙江方言，意为"剩存"。

的叶子中心那颗渐渐发长的核仁儿，或是在稻田里静偃着玫瑰色的秋阳！这样比称起来，如其赵松雪关紧房门伏在地下学马的故事可信时，那我们的艺术家就落粗蠢，不堪的"乡下人气味"！

他那《夜莺歌》是他一个哥哥死的那年做的，据他的朋友有名肖像画家 Rkbert Haydon 给 Miss Miftord 的信里说，他在没有写下以前早就起了腹稿，一天晚上他们俩在草地里散步时济慈低低的背诵给他听——"…in a low, tremulous undertone which affected me extremely." 那年碰巧——据著《济慈传》的 Lord Houghton 说，在他屋子的邻近来了一只夜莺，每晚不倦的歌唱，他很快活，常常留意倾听，一直听得他心痛神醉逼着他从自己的口里复制了一套不朽的歌曲。我们要记得济慈二十五岁那年在意大利在他一个朋友的怀抱里作古，他是，与他的夜莺一样，呕血死的！

能完全领略一首诗或是一篇戏曲，是一个精神的快乐，一个不期然的发见。这不是容易的事；要完全了解一个人的品性是十分难，要完全领会一首小诗也不得容易。我简直想说一半得靠你的缘分，我真有点儿迷信。就我自己说，文学本不是我的行业，我的有限的文学知识是"无师传授"的。裴德（Walter Pater）是一天在路上碰着大雨到一家旧书铺去躲避无意中发见的，歌德（Goethe）——说来更怪了——是司蒂文孙（R. L. S.）介绍给我的，（在他的 *Art of writing* 那书里他称赞 George Henry Lewes 的《歌德评传》；Everman edition① 一块钱就可以买到一本黄金的书）柏拉图是一次在浴室里忽然想着要去拜访他的。雪莱是为他也离婚才去仔细请教他的，杜思退益夫斯基、托尔斯泰、丹农雪乌、波特莱耳、卢骚，这一班人也各有各的来法，反正都不是经由正宗的介绍：都是邂逅，不是约会。这次我到平大教书也是偶然的，我教着济慈的《夜莺歌》也是偶然的，乃至我现在动手写这一篇短文，更不是料得到的。友鸾再三要我写才鼓起我的兴来，我也很高兴写，因为看了我的乘兴的话，竟许有人不但发愿去读那《夜莺歌》，并且从此得到了一个亲口尝味最高级文学的门径，那我就得意极了。

但是叫我怎样讲法呢？在课堂里一头讲生字一头讲典故，多少有一个讲法，但是现在要我坐下来把这首整体的诗分成片段诠释它的意义，可真是一个难题！领略艺术与看山景一样，只要你地位站得适当，你这一望一眼便吸收了全景的精神；要你"远视"的看，不是近视的看；如其你捧住了树才能见树，那时即使你不惜工夫一株一株的审查过去，你还是看不到全林的景子。所以分析的看艺术，多少是杀风景的：综合的看法才对。所以我现在勉强讲这《夜莺歌》，我不敢说我能有什么心得的见解！我并没有！我只是在课堂里

---

① Everman edition，意为"书籍的普及版"。

讲书的态度，按句按段的讲下去就是；至于整体的领悟还得靠你们自己，我是不能帮忙的。

你们没有听过夜莺先是一个困难。北京有没有我都不知道。下回萧友梅先生的音乐会要是有贝德花芬的第六个"沁芳南"（The Pastoral Symphon）时，你们可以去听听，那里面有夜莺的歌声。好吧，我们只能要同意听音乐——自然的或人为的——有时可以使我们听出神：譬如你晚上在山脚下独步时听着清越的笛声，远远的飞来，你即使不滴泪，你多少不免"神往"不是？或是在山中听泉乐，也可使你忘却俗景，想象神境。我们假定夜莺的歌声比我们白天听着的什么鸟都要好听；他初起像是龚云甫①，嗓子发沙的，很懈的试她的新歌；顿上一顿，来了，有调了。可还不急，只是清脆悦耳，像是珠走玉盘（比喻是满不相干的）！慢慢的她动了情感，仿佛忽然想起了什么事情使他激成异常的愤慨似的，他这才真唱了，声音越来越亮，调门越来越新奇，情绪越来越热烈，韵味越来越深长，像是无限的欢畅，像是艳丽的怨慕，又像是变调的悲哀——直唱得你在旁倾听的人不自主的跟着她兴奋，伴着她心跳。你恨不得和着她狂歌，就差你的嗓子太粗太浊合不到一起！这是夜莺；这是济慈听着的夜莺，本来晚上万籁静定后声音的感动力就特强，何况夜莺

---

① 龚云甫，京剧演员，下文中的几个"她"是指他的角色身份。

那样不可模拟的妙乐。

好了，你们先得想象你们自己也教音乐的沉醴浸醉了，四肢软绵绵的，心头痒荠荠的，说不出的一种浓味的馥郁的舒服，眼帘也是懒洋洋的挂不起来，心里满是流膏似的感想，辽远的回忆，甜美的惆怅，闪光的希冀，微笑的情调一齐兜上方寸灵台时——再来——"in a low, tiemulous under－tone"——开通济慈的《夜莺歌》，那才对劲儿！

这不是清醒时的说话；这是半梦呓的私语：心里畅快的压迫太重了流出口来绻缱的细语——我们用散文译过他的意思来看：——

（一）"这唱歌的，唱这样神妙的歌的，决不是一只平常的鸟；她一定是一个树林里美丽的女神，有翅膀会得飞翔的。她真乐呀，你听独自在黑夜的树林里，在架干交叉，浓荫如织的青林里，她畅快的开放她的歌调，赞美着初夏的美景，我在这里听她唱，听的时候已经很多，她还是恣情的唱着；啊，我真被她的歌声迷醉了，我不敢羡慕她的清福，但我却让她无边的欢畅催眠住了，我像是服了一剂麻药，或是喝尽了一剂鸦片汁，要不然为什么这睡昏昏思离离的像进了黑甜乡似的，我感觉着一种微倦的麻痹，我太快活了，这快感太尖锐了，竟使我心房隐隐的生痛了！"

（二）"你还是不倦的唱着——在你的歌声里我听出了最香冽的美酒的味儿。啊，喝一杯陈年的真葡萄酿多痛快呀！

那葡萄是长在暖和的南方的，普鲁冈斯那种地方，那边有的是幸福与欢乐，他们男的女的整天在宽阔的太阳光底下作乐，有的携着手跳春舞，有的弹着琴唱恋歌；再加那遍野的香草与各样的树馨——在这快乐的地土下他们有酒窖埋着美酒。现在酒味益发的澄静，香冽了。真美呀，真充满了南国的乡土精神的美酒，我要来引满一杯，这酒好比是希宝克林灵泉的泉水，在日光里滟滟发虹光的清泉，我拿一只古爵盛一个扑满。啊，看呀！这珍珠似的酒沫在这杯边上发瞬，这杯口也叫紫色的浓浆染一个鲜艳；你看看，我这一口就把这一大杯酒吞了下去——这才真醉了，我的神魂就脱离了躯壳，幽幽的辞别了世界，跟着你清唱的音响，像一个影子似淡淡的掩入了你那暗沉沉的林中。"

（三）"想起这世界真叫人伤心。我是无沾恋的，巴不得有机会可以逃避，可以忘怀种种不如意的现象，不比你在青林茂荫里过无忧的生活，你不知道也无须过问我们这寒伧的世界，我们这里有的是热病、厌倦、烦恼，平常朋友们见面时只是愁颜相对，你听我的牢骚，我听你的哀怨；老年人耗尽了精力，听凭痹症摇落他们仅存的几茎可怜的白发；年轻人也是叫不如意事蚀空了，满脸的憔悴，消瘦得像一个鬼影，再不然就进墓门；真是除非你不想他，你要一想的时候就不由的你发愁，不由的你眼睛里钝迟迟的充满了绝望的晦色；美更不必说，也许难得在这里，那里，偶然露一点痕迹，但是转瞬间就变成落花流水似没了，春光是挽留不住的，爱美的人也不是没有，但美景既不常驻人间，我们至多只能实现暂时的享受，笑口不曾全开，愁颜又回来了！因此我只想顺着你歌声离别这世界，忘却这世界，解化这忧郁沉沉的知觉。"

（四）"人间真不值得留恋，去吧，去吧！我也不必乞灵于培克司（酒神）与他那宝辇前的文豹，只凭诗情无形的翅膀我也可以飞上你那里去。啊，果然来了！到了你的境界了！这林子里的夜是多温柔呀，也许皇后似的明月此时正在她天中的宝座上坐着，周围无数的星辰像侍臣似的拱着她。但这夜却是黑，暗阴阴的没有光亮，只有偶然天风过路时把这青翠荫蔽吹动，让半亮的天光丝丝的漏下来，照出我脚下青茵浓密的地土。"

（五）"这林子里梦沉沉的不漏光亮，我脚下踏着的不知道是什么花，树枝上渗下来的清馨也辨不清是什么香；在这薰香的黑暗中我只能按着这时令猜度这时候青草里，矮丛里，野果树上的各色花香；——乳白色的山楂花，有刺的野蔷薇，在叶丛里掩盖着的芝罗兰已快萎谢了，还有初夏最早开的麝香玫瑰，这时候准是满承着新鲜的露酿，不久天暖和了，到了黄昏时候，这些花堆里多的是采花来的飞虫。"

我们要注意从第一段到第五段是一顺下来的：第一段是乐极了的谵语，接着第二段声调跟着南方的阳光放亮了一

187

些，但情调还是一路的缠绵。第三段稍为激起一点浪纹，迷离中夹着一点自觉的愤慨，到第四段又沉了下去，从"already with thee!"起，语调又极幽微，像是小孩子走入了一个阴凉的地窖子，骨髓里觉着凉，心里却觉着半害怕的特别意味，他低低的说着话，带颤动的，断续的；又像是朝上风来吹断清梦时的情调；他的诗魂在林子的黑荫里闻着各种看不见的花草的香味，私下一一的猜测诉说，像是山涧平流入湖水时的尾声……这第六段的声调与情调可全变了；先前只是畅快的惝恍，这下竟是极乐的谵语了。他乐极了，他的灵魂取得了无边的解说与自由，他就想永保这最痛快的俄顷，就在这时候轻轻的把最后的呼吸和入了空间，这无形的消灭便是极乐的永生；他在另一首诗里说——

I know this being' s lease,

My fsncy to its utmost bliss spreads,

Yet could I on this veiy midneght cease,

And the worlds gaudy ensign see in shreds;

Verse, Fame and beauty are intense indeed,

But Death in tenser—Death is life' s high

Meeh.

在他看来，（或是在他想来），"生"是有限的，生的幸福也是有限的——诗，声名与美是我们活着时最高的理想，但都不及死，因为死是无限的，解化的，与无尽流的精神相投契的，死才是生命最高的蜜酒，一切的理想在生前只能部分的，相对的实现，但在死里却是整体的绝对的谐合，因为在自由最博大的死的境界中一切不调谐的全调谐了，一切不完全的都完全了，他这一段用的几个状词要注意，他的死不是苦痛，是"Easeful Death"舒服的，或是竟可以翻作"逍遥的死"；还有他说"Quiet Breath"，幽静或是幽静的呼吸，这个观念在济慈诗里常见，很可注意；他在一处排列他得意的幽静的比象——

AUTUMN SUNS

Smiling at eve upon the quiet sheaves.

Sweet Sapphos Cheek—a sleeping infant's breath—

The gradual sand that throngh an hour glass runs

A woodland rivulet，a Poet's death.

秋田里的晚霞，沙浮女诗人的香腮，睡孩的呼吸，光阴渐缓的流沙，山林里的小溪，诗人的死。他诗里充满着静的，也许香艳的，美丽的静的意境，正如雪莱的诗里无处不是动，生命的振动，剧烈的，有色彩的，嘹亮的。我们可以拿济慈的《秋歌》对照雪莱的《西风歌》，济慈的"夜莺"对比雪莱的"云雀"，济慈的"忧郁"，对比雪莱的"云"，一是动、舞、生命、精华的、光亮的、搏动的生命，一是静、幽、甜熟的、渐缓时"奢侈"的死，比生命更深奥更博大的死，那就是永生。懂了他的生死的概念我们再来解释他的诗：

（六）"但是我一面正在猜测着这青林里的这样那样，夜莺他还是不歇的唱着，这回唱得更浓更烈了。（先前只像荷池里的雨声，调虽急，韵节还是很匀净的；现在竟像是大块的骤雨落在盛开的丁香林中，这白英在狂颤中缤纷的堕地，雨中的一阵香雨，声调急促极了。）所以他竟想在这极乐中静静的解化，平安的死去，所以他竟与无痛苦的解脱发生了恋爱，昏昏的随口编着钟爱的名字唱着赞美他，要他领了他永别这生的世界，投入永生的世界。这死所以不仅不是痛苦，真是最高的幸福，不仅不是不幸，并且是一个极大的奢侈；不仅不是消极的寂灭，这正是真生命的实现。在这青林中，在这半夜里，在这美妙的歌声里，轻轻的挑破了生命的水泡，啊，去吧！同时你在歌声中倾吐了你的内蕴的灵性，放胆的尽性的狂歌好像你在这黑暗里看出比光明更光明的光明，在你的叶荫中实现了比快乐更快乐的快乐；——我即使死了，你还是继续的唱着，直唱到我听不着，变成了土，你还是永远的唱着。"

这是全诗精神最饱满音调最神灵的一节，接着上段死的意思与永生的意思，他从自己又回想到那鸟的身上，他想我可以在这歌声里消散，但这歌声的本体呢？听歌的人可以由生入死，由死得生，这唱歌的鸟，又怎样呢？以前的六节都是低调，就是第六节调虽变，音还是像在浪花里浮沉着的一张叶片，浪花上涌时叶片上涌，浪花低伏时叶片也低伏；但这第七节是到了最高点，到了急调中的争调——诗人的情绪，和着鸟的歌声，尽情的涌了出来；他的迷醉中的诗魂已经到了梦与醒的边界。

这节里 Ruth 的本事是在旧约书里 The Book of Ruth，她是嫁给一个客民的，后来丈夫死了，她的姑要回老家，叫她也回自己的家再嫁人去，罗司一定不肯，情愿跟着她的姑到外国去守寡，后来她在麦田里收麦，她常常想着她的本乡，济慈就应用这段故事。

（七）"方才我想到死与灭亡，但是你，不死的鸟呀，你是永远没有灭亡的日子，你的歌声就是你不死的一个凭证。时代尽迁异，人事尽变化，你的音乐还是永远不受损伤，今晚上我在此地听你，这歌声还不是在几千年前已经在着，富贵的王子曾经听过你，卑贱的农夫也听过你：也许当初罗司那孩子在黄昏时站在异邦的田里割麦，他眼里含着一包眼泪思念故乡的时候，这同样的歌声，曾经从林子里透出来，给她精神的慰安，也许在中古时期幻术家在海上变出蓬莱仙岛，在波心里起造着楼阁，在这里面住着他们摄取来的美丽的女郎，她们凭着窗户望海思乡时，你的歌声也曾经感动她们的心灵，给他们平安与愉快。"

（八）这段是全诗的一个总束，夜莺放歌的一个总束，也可以说人生的大梦的一个总束。他这诗里有两相对的（动机）；一个是这现世界，与这面目可憎的实际的生活：这是他巴不

191

得逃避，巴不得忘却的，一个是超现实的世界，音乐声中不朽的生命，这是他所想望的，他要实现的，他愿意解除脱了不完全暂时的生为要化入这完全的永久的生。他如何去法，凭酒的力量可以去，凭诗的无形的翅膀亦可以飞出尘寰，或是听着夜莺不断的唱声也可以完全忘却这现世界的种种烦恼。他去了，他化入了温柔的黑夜，化入了神灵的歌声——他就是夜莺；夜莺就是他。夜莺低唱时他也低唱，高唱时他也高唱，我们辨不清谁是谁，第六第七段充分发挥"完全的永久的生"那个动机，天空里，黑夜里已经充塞了音乐——所以在这里最高的急调尾声一个字音 forlorn 里转回到那一个动机，他所从来那个现实的世界，往来穿着的还是那一条线，音调的接合，转变处也极自然；最后糅和那两个相反的动机，用醒（现世界）与梦（想象世界）结束全文，像拿一块石子掷入山壑内的深潭里，你听那音响又清切又谐和，余音还在山壑里回荡着，使你想见那石块慢慢的，慢慢的沉入了无底的深潭……音乐完了，梦醒了，血呕尽了，夜莺死了！但他的余韵却袅袅的永远在宇宙间回响着……

翡冷翠山居闲话

在这里出门散步去，上山或是下山，在一个晴好的五月

192

的向晚，正像是去赴一个美的宴会，比如去一果子园，那边每株树上都是满挂着诗情最秀逸的果实，假如你单是站着看还不满意时，只要你一伸手就可以采取，可以恣尝鲜味，足够你性灵的迷醉。阳光正好暖和，决不过暖；风息是温驯的，而且往往因为他是从繁花的山林里吹度过来，他带来一股幽远的澹香，连着一息滋润的水气，摩挲着你的颜面，轻绕着你的肩腰，就这单纯的呼吸已是无穷的愉快；空气总是明净的，近谷内不生烟，远山上不起霭，那美秀风景的全部正像画片似的展露在你的眼前，供你闲暇的鉴赏。

作客山中的妙处，尤在你永不须踌躇你的服色与体态；你不妨摇曳著一头的蓬草，不妨纵容你满腮的苔藓；你爱穿什么就穿什么；扮一个牧童，扮一个渔翁，装一个农夫，装一个走江湖的桀卜闪，装一个猎户；你再不必提心整理你的领结，你尽可以不用领结，给你的颈根与胸膛一半日的自由，你可以拿一条这边艳色的长巾包在你的头上，学一个太平军的头目，或是拜伦那埃及装的姿态；但最要紧的是穿上你最旧的旧鞋，别管他模样不佳，他们是顶可爱的好友，他们承着你的体重却不叫你记起你还有一双脚在你的底下。

这样的玩顶好是不要约伴，我竟想严格的取缔，只许你独身；因为有了伴多少总得叫你分心，尤其是年轻的女伴，那是最危险最专制不过的旅伴，你应得躲避她像你躲避青草里一条美丽的花蛇！平常我们从自己家里走到朋友的家里，或是我们执事的地方，那无非是在同一个大牢里从一间狱室移到另一间狱室去，拘束永远跟着我们，自由永远寻不到我们；但在这春夏间美秀的山中或乡间你要是有机会独身闲逛时，那才是你福星高照的时候，那才是你实际领受，亲口尝味，自由与自在的时候，那才是你肉体与灵魂行动一致的时候。朋友们，我们多长一岁年纪往往只是加重我们头上的枷，加紧我们脚胫上的链，我们见小孩子在草里在沙堆里在浅水里打滚作乐，或是看见小猫追它自己的尾巴，何尝没有羡慕的时候，但我们的枷，我们的链永远是制定我们行动的上司！所以只有你单身奔赴大自然的怀抱时，像一个裸体的小孩扑入他母亲的怀抱时，你才知道灵魂的愉快是怎样的，单是活着的快乐是怎样的，单就呼吸单就走道单就张眼看耸耳听的幸福是怎样的。因此你得严格的为己，极端的自私，只许你，体魄与性灵，与自然同在一个脉搏里跳动，同在一个音波里起伏，同在一个神奇的宇宙里自得。我们浑朴的天真是像含羞草似的娇柔，一经同伴的抵触，他就卷了起来，但在澄静的日光下，和风中，他的姿态是自然的，他的生活是无阻碍的。

你一个人漫游的时候，你就会在青草里坐地仰卧，甚至有时打滚，因为草的和暖的颜色自然的唤起你童稚的活泼；在静僻的道上你就会不自主的狂舞，看着你自己的身影幻出种种诡异的变相，因为道旁树木的阴影在他们迂徐的婆娑里暗示你舞蹈的快乐；你也会得信口的歌唱，偶尔记起断片的音调，与你自己随口的小曲，因为树林中的莺燕告诉你春光是应得赞美的；更不必说你的胸襟自然会跟着曼长的山径开拓，你的心地会看着澄蓝的天空静定，你的思想和著山壑间的水声，山罅里的泉响，有时一澄到底的清澈，有时激起成章的波动，流，流，流入凉爽的橄榄林中，流入妩媚的阿诺河去……

并且你不但不须应伴，每逢这样的游行，你也不必带书。书是理想的伴侣，但你应得带书，是在火车上，在你住处的客室里，不是在你独身漫步的时候。什么伟大的深沉的鼓舞的清明的优美的思想的根源不是可以在风籁中，云彩里，山势与地形的起伏里，花草的颜色与香息里寻得？自然是最伟大的一部书，葛德①说，在他每一页的字句里我们读得最深奥的消息。并且这书上的文字是人人懂得的；阿尔帕斯与五老峰，雪西里与普陀山，莱因河与扬子江，梨梦湖与西子湖，建兰与琼花，杭州西溪的芦雪与威尼市夕照的红潮，百灵与夜莺，更不提一般黄的黄麦，一般紫的紫藤，一般青的青草同在大地上生长，同在和风中波动——他们应用的符号是永远一致的，他们的意义是永远明显的，只要你自己性灵上不长疮瘢，眼不盲，耳不塞，这无形迹的最高等教育便永远是你的名分，这不取费的最珍贵的补剂便永远供你

----

① 通译歌德。

195

的受用；只要你认识了这一部书，你在这世界上寂寞时便不寂寞，穷困时不穷困，苦恼时有安慰，挫折时有鼓励，软弱时有督责，迷失时有南针。

一九二五年六月作

"迎上前去"

这回我不撒谎，不打隐谜，不唱反调，不来烘托；我要说几句至少我自己信得过的话，我要痛快的招认我自己的虚实，我愿意把我的花押在这张供状的末尾。

我要求你们大量的容许，准我在我第一天接手《晨报副刊》的时候，介绍我自己，解释我自己，鼓励我自己。

我相信真的理想主义者是受得住眼看他往常保持着的理想煨成灰，碎成断片，烂成泥，在这灰、这断片、这泥的底里，他再来发现他更伟大、更光明的理想。我就是这样的一个。

只有信生病是荣耀的人们才来不知耻的高声嚷痛；这时候他听着有脚步声，他以为有帮助他的人向着他来，谁知是他自己的灵性离了他去！真有志气的病人，在不能自己豁脱苦痛的时候，宁可死休，不来忍受医药与慈善的侮辱。我又是这样的一个。

196

我们在这生命里到处碰头失望，连续遭逢"幻灭"，头顶只见乌云，地下满是黑影，同时我们的年岁、病痛、工作、习惯，恶狠狠的压上我们的肩背，一天重似一天，在无形中嘲讽的呼喝着，"倒，倒，你这不量力的蠢才！"因此你看这满路的倒尸，有全死的，有半死的，有爬着挣扎的，有默无声息的……嘿！生命这十字架，有几个人扛得起来？

但生命还不是顶重的担负，比生命更重实更压得死人的是思想那十字架。人类心灵的历史里能有几个无成的孟贲乌获？在思想可怕的战场上我们就只有数得清有限的几具光荣的尸体。

我不敢非分的自夸；我不够狂，不够妄。我认识我自己力量的止境，但我却不能制止我看了这时候国内思想界萎瘪现象的愤懑与羞恶。我要一把抓住这时代的脑袋，问它要一点真思想的精神给我看看——不是借来的兑来的冒来的描来的东西，不是纸糊的老虎，摇头的傀儡，蜘蛛网幕面的偶像；我要的是筋骨里迸出来，血液里激出来，性灵里跳出来，生命里震荡出来的真纯的思想。我不来问他要，是我的懦怯；他拿不出来给我看，是他的耻辱。朋友，我要你选定一边，假如你不能站在我的对面，拿出我要的东西来给我看，你就得站在我这一边，帮着我对这时代挑战。

我预料有人笑骂我的大话。是的，大话。我正嫌这年头的话太小了，我们得造一个比小更小的字来形容这年头听着的说话，写下印成的文字；我们得请一个想象力细致如史魏夫脱（Dean Swift）的来描写那些说小话的小口，说尖话的尖嘴。一大群的食蚁兽！他们最大的快乐是忙着他们的尖喙在泥土里垦寻细微的蚂蚁。蚂蚁是吃不完的，同时这可笑的尖嘴却益发不住的向尖的方向进化，小心再隔几代连蚂蚁这食料都显太大了！

我不来谈学问，我不配，我书本的知识是真的十二分的有限。年轻的时候我念过几本极普通的中国书，这几年不但没有知新，温故都说不上，我实在是固陋，但我却抱定孔子的一句名言"知之为知之，不知为不知，是知也"，决不来强不知以为知；我并不看不起国学与研究国学的学者，我十二分尊敬他们，只是这部分的工作我只能艳羡的看他们去做，我自己恐怕不但今天，竟许这辈子都没希望参加的了。外国书呢？看过的书虽则有几本，但是真说得上"我看过的"能有多少，说多一点，三两篇戏，十来首诗，五六篇文章，不过这样罢了。

科学我是不懂的，我不曾受过正式的训练，最简单的物理化学，都说不明白，我要是不预备就去考中学校，十分里有九分是落第，你信不信？天上我只认识几颗大星，地上几棵大树，这也不是先生教我的；从先生那里学来的，十几年学校教育给我的，究竟有些什么，我实在想不起，说不上，我记得的只是几个教授可笑的嘴脸与课堂里强烈的催眠的空气。

我人事的经验与知识也是同样的有限,我不曾做过工;我不曾尝味过生活的艰难,我不曾打过仗,不曾坐过监,不曾进过什么秘密党,不曾杀过人,不曾做过买卖,发过一个大的财。

所以你看,我只是个极平常的人,没有出人头地的学问,更没有非常的经验。但同时我自信我也有我与人不同的地方。我不曾投降这世界,我不受它的拘束。

我是一只没笼头的野马,我从来不曾站定过。我人是在这社会里活着,我却不是这社会里的一个,像是有离魂病似的,我这躯壳的动静是一件事,我那梦魂的去处又是一件事。我是一个傻子:我曾经妄想在这流动的生活里发现一些不变的价值,在这打谎的世上寻出一些不磨灭的真,在我这灵魂的冒险是生命核心里的意义;我永远在无形的经验的巉岩上爬着。

冒险——痛苦——失败——失望,是跟着来的,存心冒险的人就得打算他最后的失望;但失望却不是绝望,这分别很大。我是曾经遭受失望的打击,我的头是流着血,但我的脖子还是硬的;我不能让绝望的重量压住我的呼吸,不能让悲观的慢性病侵蚀我的精神,更不能让厌世的恶质染黑我的血液。厌世观与生命是不可并存的;我是一个生命的信徒,起初是的,今天还是的,将来我敢说也是的。我决不容忍性灵的颓唐,那是最不可救药的堕落,同时却继续躯壳的存在；在我，单这开口说话，提笔写字的事实，就表示后背有一个基本的信仰，完全的没破绽的信仰；否则我何必再做什么文章，办什么报刊？

但这并不是说我不感受人生遭遇的痛创；我决不是那童呆性的乐观主义者；我决不来指着黑影说这是阳光，指着云雾说这是青天，指着分明的恶说这是善；我并不否认黑影、云雾与恶，我只是不怀疑阳光与青天与善的实在；暂时的掩蔽与侵蚀不能使我们绝望，这正应得加倍的激动我们寻求光明的决心。前几天我觉着异常懊丧的时候无意中翻着尼采的一句话，极简单的几个字却涵有无穷的意义与强悍的力量，正如天上星斗的纵横与山川的经纬，在无声中暗示你人生的奥义，祛除你的迷惘，照亮你的思路，他说"受苦的人没有悲观的权利"（The sufferer has no right to pessimism），我那时感受一种异样的惊心，一种异样的彻悟——

我不辞痛苦，因为我要认识你，上帝；

我甘心，甘心在火焰里存身，

到最后那时辰见我的真，

见我的真，我定了主意，上帝，再不迟疑！

所以我这次从南边回来，决意改变我对人生的态度，我写信给朋友说这要来认真做一点"人的事业"了——

我再不想成仙，蓬莱不是我的分；

我只要这地面，情愿安分的做人。

在我这"决心做人，决心做一点认真的事业"，是一个思想的大转变；因为先前我对这人生只是不调和不承认的态度，因此我与这现世界并没有什么相互的关系，我是我，它是它，它不能责备我，我也不来批评它。但这来我决心做人的宣言却就把我放进了一个有关系，负责任的地位，我再不能张着眼睛做梦，从今起得把现实当现实看：我要来察看，我要来检查，我要来清除，我要来颠扑，我要来挑战，我要来破坏。

人生到底是什么？我得先对我自己给一个相当的答案。人生究竟是什么？为什么这形形色色的，纷扰不清的现象——宗教，政治，社会，道德，艺术，男女，经济？我来是来了，可还是一肚子的不明白，我得慢慢的看古玩似的，一件件拿在手里看一个清切再来说话，我不敢保证我的话一定在行，我敢担保的只是我自己思想的忠实；我前面说过我的学识是极浅陋的，但我却并不因此自馁，有时学问是一种束缚，知识是一层障碍，我只要能信得过我能看的眼，能感受的心，我就有我的话说；至于我说的话有没有人听，有没有人懂，那是另外一件事，我管不着了——"有的人身死了才出世的"，谁知道一个人有没有真的出世那一天？

是的，我从今起要迎上前去！生命第一个消息是活动，第二个消息是搏斗，第三个消息是决定；思想也是的，活动的下文就是搏斗。搏斗就包含一个搏斗的对象，许是人，许是问题，许是现象，许是思想本体。一个武士最大的期望是寻着一个相当的敌手，思想家也是的，他也要一个可以较量他充分的力量的对象。"攻击是我的本性。"一个哲学家说，"要与你的对手相当——这是一个正直的决斗的第一个条件。你心存鄙夷的时候你不能搏斗。你占上风，你认定对手无能的时候你不应当搏斗。我的战略可以约成四个原则：——第一，我专打正占胜利的对象——在必要时我暂缓我的攻击，等他胜利了再开手；第二，我专打没有人打的对象，我这边不会有助手，我单独的站定一边——在这搏斗中我难为的只是我自己；第三，我永远不来对人的攻击——在必要时我只拿一个人格当显微镜用，借它来显出某种普遍的，但却隐遁不易踪迹的恶性；第四，我攻击某事物的动机，不包含私人嫌隙的关系，在我攻击是一个善意的，而且在某种情况下，感恩的凭证。"

这位哲学家的战略，我现在僭引作我自己的战略，我盼望我将来不至于在搏斗的沉酣中忽略了预定的规律，万一疏忽时我恳求你们随时提醒。我现在戴我的手套去！

吸烟与文化（牛津）

一

牛津是世界上名声压得倒人的一个学府。牛津的秘密是它的导师制。导师的秘密，按利卡克教授说，是"对准了他的徒弟们抽烟"。真的在牛津或康桥地方要找一个不吸烟的学生是很费事的——先生更不用提。学会抽烟，学会沙发上古怪的坐法，学会半吞半吐的谈话——大学教育就够格儿了。"牛津人"，"康桥人"还不够抖吗？我如其有钱办学堂的话，利卡克说，第一件事情我要做的是造一间吸烟室，其次造宿舍，再次造图书室；真要到了有钱没地方花的时候再来造课堂。

二

怪不得有人就会说，原来英国学生就会吃烟，就会懒惰。臭绅士的架子！臭架子的绅士！难怪我们这年头背心上刺刺的老不舒服，原来我们中间也来了几个叫土巴菇烟臭薰出来的破绅士！

这年头说话得谨慎些。提起英国就犯嫌疑。贵族主义！帝国主义！走狗！挖个坑埋了他！

实际上事情可不这么简单。侵略，压迫，该咒是一件事，别的事情不跟着走。至少我们得承认英国，就它本身说，是一个站得住的国家，英国人是有出息的民族。它的是有组织的生活，它的是有活气的文化。我们也得承认牛津或是康桥至少是一个十分可羡慕的学府，它们是英国文化生活的娘胎。多少伟大的政治家，学者，诗人，艺术家，科学家，是这两个学府的产儿——烟味儿给薰出来的。

<h2 style="text-align:center">三</h2>

利卡克的话不完全是俏皮话。"抽烟主义"是值得研究的。

但吸烟室究竟是怎么一回事？烟斗里如何抽得出文化真髓来？对准了学生抽烟怎样是英国教育的秘密？利卡克先生没有描写牛津、康桥生活的真相；他只这么说，他不曾说出一个所以然来。许有人愿意听听的，我想。我也在英国念过两年书，大部分的时间在康桥。但严格的说，我还是不够资格的。我当初并不是像我的朋友温源宁先生似的出了大金镑正式去请教薰烟的；我只是个，比方说，烤小半熟的白薯，离着焦味儿透香还正远哪。但我在康桥的日子可真是享福，深怕这辈子再也得不到那蜜甜的机会了。我不敢说康桥给了我多少学问或是教会了我什么。我不敢说受了康桥的洗礼，一个人就会变气息，脱凡胎。我敢说的只是——就我个人说，我的眼是康桥教我睁的，我的求知欲是康桥给我拨动的，我的自我的意识是康桥给我胚胎的。我在美国有整两年，在英国也算是整两年。在美国我忙的是上课，听讲，写考卷，啃橡皮糖，看电影，赌咒。在康桥我忙的是散步，划船，骑自转车，抽烟，闲谈，吃五点钟茶、牛油烤饼，看闲书。如其我到美国的时候是一个不含糊的草包，我离开自由神的时候也还是那原封没有动；但如其我在美国的时候不曾通窍，我在康桥的日子至少自己明白了原先只是一肚子颟顸。这分别不能算小。

我早想谈谈康桥，对它我有的是无限的柔情。但我又怕亵渎了它似的始终不曾出口。这年头！只要贵族教育一个无意识的口号就可以把牛顿、达尔文、米尔顿、拜伦、华茨华斯、阿诺尔德、纽门、罗刹蒂、格兰士顿等等所从来的母校一下抹煞。再说年来交通便利了，各式各种日新月异的教育原理教育新制翩翩的从各方向的外洋飞到中华，哪还容得厨房老过四百年墙壁上爬满骚胡髭一类藤萝的老书院一起来上讲坛？

四

但另换一个方向看去，我们也见到少数有见地的人，再也看不过国内高等教育的混沌现象，想跳开了蹂烂的道儿，回头另寻新路走去。向外望去，现成有牛津康桥青藤缭绕的学院招着你微笑；回头望去，五老峰下飞泉声中白鹿洞一类的书院瞅着你惆怅。这浪漫的累乡病跟着现代教育丑化的程度在少数人的心中一天深似一天。这机械性买卖性的教育够腻烦了，我们说。我们也要几间满沿着爬山虎的高雪克屋子来安息我们的灵性，我们说。我们也要一个绝对闲暇的环境好容我们的心智自由的发展去，我们说。

林语堂先生在《现代评论》登过一篇文章谈他的教育的理想。新近任叔永先生与他的夫人陈衡哲女士也发表了他们的教育的理想。林先生的意思约莫记得是想仿效牛津一类学府；陈、任两位是要恢复书院制的精神。这两篇文章我认为是很重要的，尤其是陈、任两位的具体提议，但因为开倒车走回头路分明是不合时宜，他们几位的意思并不曾得到期望的回响。想来现在学者们太忙了，寻饭吃的，做官的，当革命领袖的，谁都不得闲，谁都不愿闲，结果当然没有人来关心什么纯粹教育（不含任何动机的学问）或是人格教育。这是个可憾的现象。

我自己也是深感这浪漫的思乡病的一个；我只要

"草青人远，

一流冷涧"……

但我们这想望的境界有容我们达到的一天吗？

民国十五年一月十四日

我所知道的康桥

一

我这一生的周折，大都寻得出感情的线索。不论别的，单说求学。我到英国是为要从罗素。罗素来中国时，我已经在美国。他那不确的死耗传到的时候，我真的出眼泪不够，还做悼诗来了。他没有死，我自然高兴。我摆脱了哥仑比亚大博士衔的引诱，买船票过大西洋，想跟这位二十世纪的福禄泰尔认真念一点书去。谁知一到英国才知道事情变样了：一为他在战时主张和平，二为他离婚，罗素叫康桥给除名了，他原来是 Trinity College① 的 Fellow②，这来他的 Fellow—ship③ 也给取销了。他回英国后就在伦敦住下，夫妻两人卖文章过日子。因此我也不曾遂我从学的始愿。我在伦敦政治经济学院里混了半年，正感着闷想换路走的时候，我认识了狄更生先生。狄更生（Galsworthy Lowes Dickinson）是一个有名的作者，他的《一个中国人通信》（Letters From John Chinaman）与《一个现代聚餐谈话》（A Modern Symposium）两本小册子早得了我的景仰。我第一次会著他是在伦敦国际联盟协会席上，那天林宗孟先生演说，他做主席；第二次是宗孟寓里吃茶，有他。以后我常到他家里去。他看出我的烦闷，劝我到康桥去，他自己是王家学院（Kings College）的 Fellow。我就写信去问两个学院，回信都说学额早满了，随后还是狄更生先生替我去在他的学院里说好了，给我一个特别生的资格，随意选科听讲。从此

① 英国剑桥大学的三一学院。
② 英语，院务委员。
③ 英语，院务委员资格。

黑方巾黑披袍的风光也被我占着了。初起我在离康桥六英里的乡下叫沙士顿地方租了几间小屋住下，同居的有我从前的夫人张幼仪女士与郭虞裳君。每天一早我坐街车（有时骑自行车）上学，到晚回家。这样的生活过了一个春，但我在康桥还只是个陌生人，谁都不认识，康桥的生活，可以说完全不曾尝着，我知道的只是一个图书馆，几个课室，和租三两个吃便宜饭的茶食铺子。狄更生常在伦敦或是大陆上，所以也不常见他。那年的秋季我一个人回到康桥，整整有一学年，那时我才有机会接近真正的康桥生活，同时我也慢慢的"发见"了康桥。我不曾知道过更大的愉快。

二

"单独"是一个耐寻味的现象。我有时想它是任何发见的第一个条件。你要发见你的朋友的"真"，你得有与他单独的机会。你要发见你自己的真，你得给你自己一个单独的机会。你要发见一个地方（地方一样有灵性），你也得有单独玩的机会。我们这一辈子，认真说，能认识几个人？能认识几个地方？我们都是太匆忙，太没有单独的机会。说实话，我连我的本乡都没有什么了解。康桥我要算是有相当交情的，再次许只有新认识的翡冷翠了。阿，那些清晨，那些黄昏，我一个人发痴似的在康桥！绝对的单独。

但一个人要写他最心爱的对象，不论是人是地，是多么使他为难的一个工作？你怕，你怕描坏了它，你怕说过分了恼了它，你怕说太谨慎了辜负了它。我现在想写康桥，也正是这样的心理，我不曾写，我就知道这回是写不好的——况且又是临时逼出来的事情。但我却不能不写，上期预告已经出去了。我想勉强分两节写，一是我所知道的康桥的天然景色，一是我所知道的康桥的学生生活。我今晚只能极简的写些，等以后有兴会时再补。

三

康桥的灵性全在一条河上；康河，我敢说，是全世界最秀丽的一条水。河的名字是葛兰大（Granta），也有叫康河（River Cam）的，许有上下流的区别，我不甚清楚。河身多的是曲折，上游是有名的拜伦潭（"Byrou's Pool"），当年拜伦常在那里玩的；有一个老村子叫格兰骞斯德，有一个果子园，你可以躺在累累的桃李树荫下吃茶，花果会掉入你的茶杯，小雀子会到你桌上来啄食，那真是别有一番天地。这是上游；下游是从骞斯德顿下去，河面展开，那是春夏间竞舟的场所。上下河分界处有一个坝筑，水流急得很，在星光下听水声，听近村晚钟声，听河畔倦牛刍草声，是我康桥经验中最神秘的一种：大自然的优美，宁静，调谐在这星光与波光的默契中不期然的淹入了你的性灵。

但康河的精华是在它的中权，著名的"Backs"①，这两岸是几个最蜚声的学院的建筑。从上面下来是 Pembroke，St. Katharline's，King's，Clare，Trinity，St. John's。最令人留连的一节是克莱亚与王家学院的毗连处，克莱亚的秀丽紧邻着王家教堂（King's Chapel）的闳伟。别的地方尽有更美更庄严的建筑，例如巴黎赛因河的罗浮宫一带，威尼斯的利阿尔多大桥的两岸，翡冷翠维基乌大桥的周遭；但康桥的"Backs"自有它的特长，这不容易用一二个状词来概括，它那脱尽尘埃气的一种清澈秀逸的意境可说是超出了画图而化生了音乐的神味。再没有比这一群建筑更调谐更匀称的了！论画，可比的许只有柯罗（Corot）的田野；论音乐，可比的许只有萧班（Chopin）的夜曲。就这也不能给你依稀的印象，它给你的美感简直是神灵性的一种。

　　假如你站在王家学院桥边的那棵大擢树荫下眺望，右侧面，隔着一大方浅草坪，是我们的校友居（Fellows Building），那年代并不早，但它的妩媚也是不可掩的，它那苍白的石壁上春夏间满缀着艳色的蔷薇在和风中摇头，更移左是那教堂，森林似的尖阁不可浼的永远直指着天空；更左是克莱亚，阿！那不可信的玲珑的方庭，谁说这不是圣克莱亚（St. Clare）的化身，那一块石上不闪耀着她当年圣洁的精神？在克莱亚后

---

① 英语，后院。

背隐约可辨的是康桥最潇贵最骄纵的三清学院（Trinity），它那临河的图书楼上坐镇着拜伦神采惊人的雕像。

但这时你的注意早已叫克莱亚的三环洞桥魔术似的摄住。你见过西湖白堤上的西泠断桥不是（可怜它们早已叫代表近代丑恶精神的汽车公司给踩平了，现在它们跟着苍凉的雷峰永远辞别了人间）？你忘不了那桥上斑驳的苍苔，木栅的古色，与那桥拱下泄露的湖光与山色不是？克莱亚并没有那样体面的衬托，它也不比庐山栖贤寺旁的观音桥，上瞰五老的奇峰，下临深潭与飞瀑；它只是怯怜怜的一座三环洞的小桥，它那桥洞间也只掩映着细纹的波鳞与婆娑的树影，它那桥上栉比的小穿阑与阑节顶上双双的白石球，也只是村姑子头上不夸张的香草与野花一类的装饰；但你凝神的看着，更凝神的看着，你再反省你的心境，看还有一丝屑的俗念沾滞不？只要你审美的本能不曾泯灭时，这是你的机会实现纯粹美感的神奇！

但你还得选你赏鉴的时辰。英国的天时与气候是走极端的。冬天是荒谬的坏，逢着连绵的雾盲天你一定不迟疑的甘愿进地狱本身去试试；春天（英国是几乎没有夏天的）是更荒谬的可爱，尤其是它那四五月间最渐缓最艳丽的黄昏，那才真是寸寸黄金。在康河边上过一个黄昏是一服灵魂的补剂。阿！我那时蜜甜的单独，那时蜜甜的闲暇。一晚又一晚的，只见我出神似的倚在桥阑上向西天凝望：——

211

看一回凝静的桥影，

数一数螺细的波纹：

我倚暖了石阑的青苔，

青苔凉透了我的心坎；……

还有几句更笨重的怎能仿佛那游丝似轻妙的情景：

难忘七月的黄昏，远树凝寂，

像墨泼的山形，衬出轻柔暝色，

密稠稠，七分鹅黄，三分橘绿，

那妙意只可去秋梦边缘捕捉；……

四

　　这河身的两岸都是四季常青最葱翠的草坪。从校友居的楼上望去，对岸草场上，不论早晚，永远有十数匹黄牛与白马，胫蹄没在恣蔓的草丛中，从容的在咬嚼，星星的黄花在风中动荡，应和着它们尾鬃的扫拂。桥的两端有斜倚的垂柳与掬荫护住。水是澈底的清澄，深不足四尺，匀匀的长着长条的水草。这岸边的草坪又是我的爱宠，在清朝，在傍晚，我常去这天然的织锦上坐地，有时读书，有时看水；有时仰卧着看天空的行云，有时反仆着搂抱大地的温软。

　　但河上的风流还不止两岸的秀丽。你得买船去玩。船不止一种：有普通的双桨划船，有轻快的薄皮舟（Canoe），有最别致的长形撑篙船（Punt）。最末的一种是别处不常有的：约莫有二丈长，三尺宽，你站直在船梢上用长竿撑着走的。这撑是一种技术。我手脚太蠢，始终不曾学会。你初起手尝试时，容易把船身横住在河中，东颠西撞的狼狈。英国人是不轻易开口笑人的，但是小心他们不出声的皱眉！也不知有多少次河中本来优闲的秩序叫我这莽撞的外行给捣乱了。我真的始终不曾学会；每回我不服输跑去租船再试的时候，有一个白胡子的船家往往带讥讽的对我说："先生，这撑船费劲，天热累人，还是拿个薄皮舟溜溜吧！"我那里肯听话，长篙子一点就把船撑了开去，结果还是把河身一段段的腰斩了去！

你站在桥上去看人家撑，那多不费劲，多美！尤其在礼拜天有几个专家的女郎，穿一身缟素衣服，裙裾在风前悠悠的飘着，戴一顶宽边的薄纱帽，帽影在水草间颤动，你看她们出桥洞时的姿态，捻起一根竟像没分量的长竿，只轻轻的，不经心的往波心里一点，身子微微的一蹲，这船身便波的转出了桥影，翠条鱼似的向前滑了去。她们那敏捷，那闲暇，那轻盈，真是值得歌咏的。

在初夏阳光渐暖时你去买一支小船，划去桥边荫下躺着念你的书或是做你的梦，槐花香在水面上飘浮，鱼群的唼喋声在你的耳边挑逗。或是在初秋的黄昏，近着新月的寒光，望上流僻静处远去。爱热闹的少年们携着他们的女友，在船沿上支着双双的东洋彩纸灯，带着话匣子，船心里用软垫铺着，也开向无人迹处去享他们的野福——谁不爱听那水底翻的音乐在静定的河上描写梦意与春光!

住惯城市的人不易知道季候的变迁。看见叶子掉知道是秋,看见叶子绿知道是春;天冷了装炉子,天热了拆炉子;脱下棉袍,换上夹袍,脱下夹袍,穿上单袍;不过如此罢了。天上星斗的消息,地下泥土里的消息,空中风吹的消息,都不关我们的事。忙着哪,这样那样事情多着,谁耐烦管星星的移转,花草的消长,风云的变幻?同时我们抱怨我们的生活,苦痛,烦闷,拘束,枯燥,谁肯承认做人是快乐?谁不多少间咒诅人生?

但不满意的生活大都是由于自取的。我是一个生命的信仰者,我信生活决不是我们大多数人仅仅从自身经验推得的那样暗惨。我们的病根是在"忘本"。人是自然的产儿,就比枝头的花与鸟是自然的产儿;但我们不幸是文明人,人世深似一天,离自然远似一天。离开了泥土的花草,离开了水的鱼,能快活吗?能生存吗?从大自然,我们取得我们的生命;从大自然,我们应分取得我们继续的滋养。那一株婆娑的大木没有盘错的根柢深入在无尽藏的地里?我们是永远不能独立的。有幸福是永远不离母亲抚育的孩子,有健康是永远接近自然的人们。不必一定与鹿豕游,不必一定回"洞府"去;为医治我们当前生活的枯窘,只要"不完全遗忘自然"一张轻淡的药方我们的病象就有缓和的希望。在青草里打几个滚,到海水里洗几次浴,到高处去看几次朝霞与晚照——你肩背上的负担就会轻松了去的。

这是极肤浅的道理，当然。但我要没有过过康桥的日子，我就不会有这样的自信。我这一辈子就只那一春，说也可怜，算是不曾虚度。就只那一春，我的生活是自然的，是真愉快的！（虽则碰巧那也是我最感受人生痛苦的时期。）我那时有的是闲暇，有的是自由，有的是绝对单独的机会。说也奇怪，竟像是第一次，我辨认了星月的光明，草的青，花的香，流水的殷勤。我能忘记那初春的睥睨吗？曾经有多少个清晨我独自冒着冷去薄霜铺地的林子里闲步——为听鸟语，为盼朝阳，为寻泥土里渐次苏醒的花草，为体会最微细最神妙的春信。阿，那是新来的画眉在那边啁不尽的青枝上试它的新声！阿，这是第一朵小雪球花挣出了半冻的地面！阿，这不是新来的潮润沾上了寂寞的柳条？

静极了，这朝来水溶溶的大道，只远处牛奶车的铃声，点缀这周遭的沉默。顺着这大道走去，走到尽头，再转入林子里的小径，往烟雾浓密处走去，头顶是交枝的榆荫，透露着漠楞楞的曙色；再往前走去，走尽这林子，当前是平坦的原野，望见了村舍，初青的麦田，更远三两个馒形的小山掩住了一条通道。天边是雾茫茫的，尖尖的黑影是近村的教寺。听，那晓钟和缓的清音。这一带是此邦中部的平原，地形像是海里的轻波，默沉沉的起伏；山岭是望不见的，有的是常青的草原与沃腴的田壤。登那土阜上望去，康桥只是一带茂林，拥戴着几处娉婷的尖阁。妩媚的康河也望不见踪迹，你只能循着那锦带似的林木想象那一流清浅。村舍与树林是这地盘上的棋子，有村舍处有佳荫，有佳荫处有村舍。这早起是看炊烟的时辰：朝雾渐渐的升起，揭开了这灰苍苍的天幕，（最好是微霭后的光景）远近的炊烟，成丝的，成缕的，成卷的，轻快的，迟重的，浓灰的，淡青的，惨白的，在静定的朝气里渐渐的上腾，渐渐的不见，仿佛是朝来人们的祈祷，参差的翳入了天厅。朝阳是难得见的，这初春的天气。但它来时是起早人莫大的愉快。顷刻间这田野添深了颜色，一层轻纱似的金粉糁上了这草，这树，这通道，这庄舍。顷刻间这周遭弥漫了清晨富丽的温柔。顷刻间你的心怀也分润了白天诞生的光荣。"春"！这胜利的晴空仿佛在你的耳边私语。"春"！你那快活的灵魂也仿佛在那里回响。

伺候着河上的风光，这春来一天有一天的消息。关心石上的苔痕，关心败草里的花鲜，关心这水流的缓急，关心水草的滋长，关心天上的云霞，关心新来的鸟语。怯怜怜的小雪球是探春信的小使。铃兰与香草是欢喜的初声。窈窕的莲馨，玲珑的石水仙，爱热闹的克罗克斯，耐辛苦的蒲公英与雏菊——这时候春光已是缦烂在人间，更不须殷勤问讯。

瑰丽的春放。这是你野游的时期。可爱的路政，这里不比中国，那一处不是坦荡荡的大道？徒步是一个愉快，但骑自转车是一个更大的愉快。在康桥骑车是普遍的技术；妇

216

人，稚子，老翁，一致享受这双轮舞的快乐。（在康桥听说自转车是不怕人偷的，就为人人都自己有车，没人要偷。）任你选一个方向，任你上一条通道，顺着这带草味的和风，放轮远去，保管你这半天的逍遥是你性灵的补剂。这道上有的是清荫与美草，随地都可以供你休憩。你如爱花，这里多的是锦绣似的草原。你如爱鸟，这里多的是巧啭的鸣禽。你如爱儿童，这乡间到处是可亲的稚子。你如爱人情，这里多的是不嫌远客的乡人，你到处可以"挂单"借宿，有酪浆与嫩薯供你饱餐，有夺目的果鲜恣你尝新。你如爱酒，这乡间每"望"都为你储有上好的新酿，黑啤如太浓，苹果酒姜酒都是供你解渴润肺的。……带一卷书，走十里路，选一块清静地，看天，听鸟，读书，倦了时，和身在草绵绵处寻梦去——你能想象更适情更适性的消遣吗？

陆放翁有一联诗句："传呼快马迎新月，却上轻舆趁晚凉。"这是做地方官的风流。我在康桥时虽没马骑，没轿子坐，却也有我的风流：我常常在夕阳西晒时骑了车迎着天边扁大的日头直追。日头是追不到的，我没有夸父的荒诞，但晚景的温存却被我这样偷尝了不少。有三两幅画图似的经验至今还是栩栩的留着。只说看夕阳，我们平常只知道登山或是临海，但实际只须辽阔的天际，平地上的晚霞有时也是一样的神奇。有一次我赶到一个地方，手把着一家村庄的篱笆，隔着一大田的麦浪，看西天的变幻。有一次是正冲着一

217

条宽广的大道，过来一大群羊，放草归来的，偌大的太阳在它们后背放射着万缕的金辉，天上却是乌青青的，只剩这不可逼视的威光中的一条大路，一群生物！我心头顿时感着神异性的压迫，我真的跪下了，对着这冉冉渐隐的金光，再有一次是更不可忘的奇景，那是临着一大片望不到头的草原，满开着艳红的罂粟，在青草里亭亭的像是万盏的金灯，阳光从褐色云里斜着过来，幻成一种异样的紫色，透明似的不可逼视，刹那间在我迷眩了的视觉中，这草田变成了……不说也罢，说来你们也是不信的！

一别二年多了，康桥，谁知我这思乡的隐忧？也不想别的，我只要那晚钟撼动的黄昏，没遮拦的田野，独自斜倚在软草里，看第一个大星在天边出现！

一九二六年一月十四日至一月二十三日作

自剖

我是个好动的人：每回我身体行动的时候，我的思想也仿佛就跟着跳荡。我做的诗，不论它们是怎样的“无聊”，有不少是在行旅期中想起的。我爱动，爱看动的事物，爱活泼的人，爱水，爱空中的飞鸟，爱车窗外掣过的田野山水。星光的闪动，草叶上露珠的颤动，花须在微风中的摇动，雷雨时云空的变动，大海中波涛的汹涌，都是在触动我感兴的情景。是动，不论是什么性质，就是我的兴趣，我的灵感。是动就会催快我的呼吸，加添我的生命。

近来却大大的变样了。第一我自身的肢体，已不如原先灵活；我的心也同样的感受了不知是年岁还是什么的拘絷。动的现象再不能给我欢喜，给我启示。先前我看着在阳光中闪烁的金波，就仿佛看见了神仙宫阙——什么荒诞美丽的幻觉，不在我的脑中一闪闪的掠过；现在不同了，阳光只是阳光，流波只是流波，任凭景色怎样的灿烂，再也照不化我的呆木的心灵。我的思想，如其偶尔有，也只似岩石上的藤萝，贴着枯干的粗糙的石面，极困难的蜒着；颜色是苍黑的，姿态是倔强的。

我自己也不懂得何以这变迁来得这样的兀突，这样的深彻。原先我在人前自觉竟是一注的流泉，在在有飞沫，在在有闪光；现在这泉眼，如其还在，仿佛是叫一块石板不留余隙的给镇住了。我再没有先前那样蓬勃的情趣，每回我想说话的时候，就觉着那石块的重压，怎么也掀不动，怎么也推不开，结果只能自安沉默！"你再不用想什么了，你再没有什么可想的了"；"你再不用开口了，你再没有什么话可说的了"，我常觉得我沉闷的心府里有这样半嘲讽半吊唁的谆嘱。

说来我思想上或经验上也并不曾经受什么过分剧烈的戟刺。我处境是向来顺的，现在，如其有不同，只是更顺了

219

的。那么为什么这变迁？远的不说，就比如我年前到欧洲去时的心境：啊！我那时还不是一只初长毛角的野鹿？什么颜色不激动我的视觉，什么香味不奋兴我的嗅觉？我记得我在意大利写游记的时候，情绪是何等的活泼，兴趣何等的醇厚，一路来眼见耳听心感的种种，那一样不活栩栩的丛集在我的笔端，争求充分的表现！如今呢？我这次到南方去，来回也有一个多月的光景，这期内眼见耳听心感的事物也该有不少。我未动身前，又何尝不自喜此去又可以有机会饱餐西湖的风色，邓尉的梅香——单提一两件最合我脾胃的事。有好多朋友也曾期望我在这闲暇的假期中采集一点江南风趣，归来时，至少也该带回一两篇爽口的诗文，给在北京泥土的空气中活命的朋友们一些清醒的消遣。但在事实上不但在南中时我白瞪着大眼，看天亮换天昏，又闭上了眼，拼天昏换天亮，一枝秃笔跟着我涉海去，又跟着我涉海回来，正如岩洞里的一根石笋，压根儿就没一点摇动的消息；就在我回京后这十来天，任凭朋友们怎样的催促，自己良心怎样的责备，我的笔尖上还是滴不出一点墨沈来。我也曾勉强想想，勉强想写，但到底还是白费！可怕是这心灵骤然的呆顿。完全死了不成？我自己在疑惑。

说来是时局也许有关系。我到京几天就逢着空前的血案。五卅事件发生时我正在意大利山中，采茉莉花编花篮儿玩，翡冷翠山中只见明星与流萤的交唤，花香与山色的温存，俗

220

氛是吹不到的。直到七月间到了伦敦，我才理会国内风光的惨淡，等得我赶回来时，设想中的激昂，又早变成了明日黄花，看得见的痕迹只有满城黄墙上墨彩斑斓的"泣告"！

这回却不同。屠杀的事实不仅是在我住的城子里发见，我有时竟觉得是我自己的灵府里的一个惨象。杀死的不仅是青年们的生命，我自己的思想也仿佛遭着了致命的打击，比是国务院前的断臂残肢，再也不能回复生动与连贯。但这深刻的难受在我是无名的，是不能完全解释的。这回事变的奇惨性引起愤慨与悲切是一件事，但同时我们也知道在这根本起变态作用的社会里，什么怪诞的情形都是可能的。屠杀无辜，远不是年来最平常的现象。自从内战纠结以来，在受战祸的区域内，那一处村落不曾分到过遭奸污的女性，屠残的骨肉，供牺牲的生命财产？这无非是给冤氛团结的地面上多添一团更集中更鲜艳的怨毒。再说那一个民族的解放史能不浓浓的染着 Martyrs① 的腔血？俄国革命的开幕就是二十年前冬宫的血景。只要我们有识力认定，有胆量实行，我们理想中的革命，这回羔羊的血就不会是白涂的。所以我个人的沉闷决不完全是这回惨案引起的感情作用。

爱和平是我的生性。在怨毒，猜忌，残杀的空气中，我的神经每每感受一种不可名状的压迫。记得前年奉直战争时

_____

① 英语，烈士。

我过的那日子简直是一团黑漆，每晚更深时，独自抱着脑壳伏在书桌上受罪，仿佛整个时代的沉闷盖在我的头顶——直到写下了《毒药》那几首不成形的咒诅诗以后，我心头的紧张才渐渐的缓和下去。这回又有同样的情形；只觉着烦，只觉着闷，感想来时只是破碎，笔头只是笨滞。结果身体也不舒畅，像是蜡油涂抹住了全身毛窍似的难过，一天过去了又是一天，我这里又在重演更深独坐箍紧脑壳的姿势，窗外皎洁的月光，分明是在嘲讽我内心的枯窘！

不，我还得往更深处按。我不能叫这时局来替我思想骤然的呆顿负责，我得往我自己生活的底里找去。

平常有几种原因可以影响我们的心灵活动。实际生活的牵掣可以劫去我们心灵所需要的闲暇，积成一种压迫。在某种热烈的想望不曾得满足时，我们感觉精神上的烦闷与焦躁，失望更是颠覆内心平衡的一个大原因；较剧烈的种类可以麻痹我们的灵智，淹没我们的理性。但这些都合不上我的病源；因为我在实际生活里已经得到十分的幸运，我的潜在意识里，我敢说不该有什么压着的欲望在作怪。

但是在实际上反过来看，另有一种情形可以阻塞或是减少你心灵的活动。我们知道舒服，健康，幸福，是人生的目标，我们因此推想我们痛苦的起点是在望见那些目标而得不到的时候。我们常听人说"假如我像某人那样生活无忧我一定可以好好的做事，不比现在整天的精神全化在琐碎的烦恼上"。我们又听说"我不能做事就为身体太坏，若是精神来得，那就……"我们又常常设想幸福的境界，我们想"只要有一个意中人在跟前那我一定奋发，什么事做不到?"但是不，在事实上，舒服，健康，幸福，不但不一定是帮助或奖励心灵生活的条件，它们有时正得相反的效果。我们看不起有钱人，在社会上得意人，肌肉过分发展的运动家，也正在此;至于年少人幻想中的美满幸福，我敢说等得当真有了红袖添香，你的书也就读不出所以然来，且不说什么在学问上或艺术上更认真的工作。

那末生活的满足是我的病源吗?

"在先前的日子，"一个真知我的朋友，就说:"正为是你生活不得平衡，正为你有欲望不得满足，你的压在内里的Libido① 就形成一种升华的现象，结果你就借文学来发泄你生理上的郁结（你不常说你从事文学是一件不预期的事吗?）;这情形又容易在你的意识里形成一种虚幻的希望，因为你的写作得到一部分赞许，你就自以为确有相当创作的天赋以及独立思想的能力。

但你只是自冤自，实在你并没有什么超人一等的天赋，你的设想多半是虚荣，你的以前的成绩只是升华的结果。所以现在等得你生活换了样，感情上有了安顿，你就发见你向

---

① 英语，性欲。

223

来写作的来源顿呈萎缩甚至枯竭的现象；而你又不愿意承认这情形的实在，妄想到你身子以外去找你思想枯窘的原因，所以你就不由的感到深刻的烦闷。你只是对你自己生气，不甘心承认你自己的本相。不，你原来并没有三头六臂的！

"你对文艺并没有真兴趣，对学问并没有真热心。你本来没有什么更高的志愿，除了相当合理的生活，你只配安分做一个平常人，享你命里注定的'幸福'；在事业界，在文艺创作界，在学问界内，全没有你的位置，你真的没有那能耐。不信你只要自问在你心里的心里有没有那无形的'推力'，整天整夜的恼着你，逼着你，督着你，放开实际生活的全部，单望着不可捉摸的创作境界里去冒险？是的，顶明显的关键就是那无形的推力或是冲动（The Impulse），没有它人类就没有科学，没有文学，没有艺术，没有一切超越功利实用性质的创作。你知道在国外（国内当然也有，许没那样多）有多少人被这无形的推力驱使，在实际生活上变成一种离魂病性质的变态动物，不但人间所有的虚荣永远沾不上他们的思想，就连维持生命的睡眠饮食，在他们都失了重要，他们全部的心力只是在他们那无形的推力所指示的特殊方向上集中应用。怪不得有人说天才是疯癫；我们在巴黎、伦敦不就到处碰得着这类怪人？如其他是一个美术家，恼着他的就只怎样可以完全表现他那理想中的形体；一个线条的准确，某种色彩的调谐，在他会得比他生身父母的生死与国家的存亡更重要，更迫切，更要求注意。我们知道专门学者有终身掘坟墓的，研究蚊虫生理的，观察亿万万里外一个星的动定的。并且他们决不问社会对于他们的劳力有否任何的认识，那就是虚荣的进路；他们是被一点无形的推力的魔鬼蛊定了的。

"这是关于文艺创作的话。你自问有没有这种情形。你也许经验过什么'灵感'，那也许有，但你却不要把刹那误认作永久的，虚幻认作真实。至于说思想与真实学问的话，那也得背后有一种推力，方向许不同，性质还是不变。做学问你得有原动的好奇心，得有天然热情的态度去做求知识的工夫。真思想家的准备，除了特强的理智，还得有一种原动的信仰；信仰或寻求信仰，是一切思想的出发点：极端的怀疑派思想也只是期望重新位置信仰的一种努力。从古来没有一个思想家不是宗教性的。在他们，各按各的倾向，一切人生的和理智的问题是实在有的；神的有无，善与恶，本体问题，认识问题，意志自由问题，在他们看来都是含逼迫性的现象，要求合理的解答——比山岭的崇高，水的流动，爱的甜蜜更真，更实在，更耸动。他们的一点心灵，就永远在他们设想的一种或多种问题的周围飞舞，旋绕，正如灯蛾之于火焰：牺牲自身来贯彻火焰中心的秘密，是他们共有的决心。

"这种惨烈的情形，你怕也没有吧？我不说你的心幕上就没有思想的影子；但它们怕只是虚影，像水面上的云影，云过影子就跟着消散，不是石上的溜痕越日久越深刻。

"这样说下来，你倒可以安心了！因为个人最大的悲剧是设想一个虚无的境界来谎骗你自己；骗不到底的时候你就得忍受'幻灭'的莫大的苦痛。与其那样，还不如及早认清自己的深浅，不要把不必要的负担，放上支撑不住的肩背，压坏你自己，还难免旁人的笑话！朋友，不要迷了，定下心来享你现成的福分吧；思想不是你的分，文艺创作不是你的分，独立的事业更不是你的分！天生扛了重担来的那也没法想。（那一个天才不是活受罪！）你是原来轻松的，这是多可羡慕，多可贺喜的一个发见！算了吧，朋友！"

一九二六年三月二十五至四月一日作

再剖

你们知道喝醉了想吐吐不出或是吐不爽快的难受不是？这就是我现在的苦恼；肠胃里一阵阵的作恶，腥腻从食道里往上泛，但这喉关偏跟你别扭，它捏住你，逼住你，逗着你——不，它且不给你痛快哪！前天那篇《自剖》，就比是哇出来的几口苦水，过后只是更难受，更觉着往上冒。我告你我想要怎么样。我要孤寂：要一个静极了的地方——森林的中心，山洞里，牢狱的暗室里——再没有外界的影响来逼迫或引诱你的分心，再不须计较旁人的意见，喝采或是嘲笑；当前惟一的对象是你自己：你的思想，你的感情，你的本性。那时它们再不会躲避，不会隐遁，不会装作；赤裸裸的听凭你察看，检验，审问。你可以放胆解去你最后的一缕遮盖，袒露你最自怜的创伤，最掩讳的私亵。那才是你痛快一吐的机会。

但我现在的生活情形不容我有那样一个时机。白天太忙（在人前一个人的灵性永远是蜷缩在壳内的蜗牛），到夜间，比如此刻，静是静了，人可又倦了，惦着明天的事情又不得不早些休息。啊，我真羡慕我台上放着那块唐砖上的佛像，他在他的莲台上瞑目坐着，什么都摇不动他那入定的圆澄。我们只是在烦恼网里过日子的众生，怎敢企望那光明无碍的境界！有鞭子下来，我们躲；见好吃的，我们垂涎；听声响，我们着忙；逢着痛痒，我们看恼。我们是鼠，是狗，是刺猬，是天上星星与地上泥土间爬着的虫。那里有工夫，即使你有心想亲近你自己？那里有机会，即使你想痛快的一吐？

前几天也不知无形中经过几度挣扎，才呕出那几口苦水，这在我虽则难受还是照旧，但多少总算是发泄。事后我私下觉着愧悔，因为我不该拿我一己苦闷的骨鲠，强读者们陪着我吞咽。是苦水就不免薰蒸的恶味。我承认这完全是我自私的行为，不敢望恕的。我惟一的解嘲是这几口苦水的确是从我自己的肠胃里呕出——不是去脏水桶里舀来的。我不曾期望同情，我只要朋友们认识我的深浅——（我的浅?）我最怕朋友们的容宠容易形成一种虚拟的期望；我这操刀自剖的一个目的，就在及早解卸我本不该扛上的担负。

是的，我还得往底里按，往更深处剖。

最初我来编辑副刊，我有一个愿心。我想把我自己整个儿交给能容纳我的读者们，我心目中的读者们，说实话，就只这时代的青年。我觉着只有青年们的心窝里有容我的空隙，我要偎着他们的热血，听他们的脉搏。我要在我自己的情感里发见他们的情感，在我自己的思想里反映他们的思想。假如编辑的意义只是选稿，配版，付印，拉稿，那还不如去做银行的伙计——有出息得多。我接受编辑晨副的机会，就为这不单是机械性的一种任务。（感谢《晨报》主人的信任与容忍，）晨副变了我的喇叭，从这管口里我有自由吹弄我古怪的不调谐的音调，它是我的镜子，在这平面上描画出我古怪的不调谐的形状。我也决不掩讳我的原形：我就是我。记得我第一次与读者们相见，就是一篇供状。我的经过，我的深浅，我的偏见，我的希望，我都曾经再三的声明，怕是你们早听厌了。但初起我有一种期望是真的——期望我自己。也不知那时间为什么原因我竟有那活棱棱的一副勇气。我宣言我自己跳进了这现实的世界，存心想来对准人生的面目认他一个仔细。我信我自己的热心（不是知识）多少可以给我一些对敌力量的。我想拼这一天，把我的血肉与灵魂，放进这现实世界的磨盘里去挨，锯齿下去拉，——我就要尝那味儿！只有这样，我想，才可以期望我主办的刊物多少是一个有生命气息的东西；才可以期望在作者与读者间发生一种活的关系；才可以期望读者们觉着这一长条报纸与黑的字印的背后，的确至少有一个活着的人与一个动着的心，他的把握是在你的腕上，他的呼吸吹在你的脸上，他的欢喜，他的惆怅，他的迷惑，他的伤悲，就比是你自己的，的确是从一个可认识的主体上发出来的变化——是站在台上人的姿态，——不是投射在白幕上的虚影。

并且我当初也并不是没有我的信念与理想。有我崇拜的德性，有我信仰的原则，有我爱护的事物，也有我痛疾的事物。往理性的方向走，往爱心与同情的方向走，往光明的方向走，往真的方向走，往健康快乐的方向走，往生命，更多更大更高的生命方向走——这是我那时的一点"赤子之心"。我恨的是这时代的病象，什么都是病象：猜忌，诡诈，小巧，倾轧，挑拨，残杀，互杀，自杀，忧愁，作伪，肮脏。我不是医生，不会治病；我就有一双手，趁它们活灵的时候，我想，或许可以替这时代打开几扇窗，多少让空气流通些，浊的毒性的出去，清醒的洁净的进来。

但紧接着我的狂妄的招摇，我最敬畏的一个前辈（看了我的吊刘叔和文）就给我当头一棒：——

……既立意来办报而且郑重宣言"决意改变我对人的态度",那么自己的思想就得先磨冶一番,不能单凭主觉,随便说了就算完事。迎上前去,不要又退了回来!一时的兴奋,是无用的,说话越觉得响亮起劲,跳踯有力,其实即是内心的虚弱,何况说出衰颓懊丧的语气,教一般青年看了,更给他们以可怕的影响,似乎不是志摩这番挺身出马的本意!……

迎上前去,不要又退了回来!这一喝这几个月来就没有一天不在我"虚弱的内心"里回响。实际上自从我喊出"迎上前去"以后,即使不曾撑开了往后退,至少我自己觉不得我的脚步曾经向前挪动。今天我再不能容我自己这梦梦的下去。算清亏欠,在还算得清的时候,总比窝着浑着强。我不能不自剖。冒着"说出衰颓懊丧的语气"的危险,我不能不利用这反省的锋刃,劈去纠着我心身的累赘淤积,或许这来倒有自我真得解放的希望!

想来这做人真是奥妙。我信我们的生活至少是复性的。看得见,觉得着的生活是我们的显明的生活,但同时另有一种生活,跟着知识的开豁逐渐胚胎,成形,活动,最后支配前一种的生活,比是我们投在地上的身影,跟着光亮的增加渐渐由模糊化成清晰,形体是不可捉的,但它自有它的奥妙的存在。你动它跟着动,你不动它跟着不动。在实际生活的匆遽中,我们不易辨认另一种无形的生活的并存,正如我们在阴地里不见我们的影子；但到了某时候某境地忽的发见了它，不容否认的踵接着你的脚跟，比如你晚间步月时发见你自己的身影。它是你的性灵的或精神的生活。你觉到你有超实际生活的性灵生活的俄顷，是你一生的一个大关键！你许到极迟才觉悟（有人一辈子不得机会），但你实际生活中的经验，动作，思想，没有一丝一屑不同时在你那跟着长成的性灵生活中留着"对号的存根"，正如你的影子不放过你的一举一动，虽则你不注意到或看不见。

我这时候就比是一个人初次发见他有影子的情形。惊骇，讶异，迷惑，耸悚，猜疑，恍惚同时并起，在这辨认你自身另有一个存在的时候。我这辈子只是在生活的道上盲目的前冲，一时踹入一个泥潭，一时踏折一支草花，只是这无目的的奔驰；从那里来，向那里去，现在在那里，该怎么走，这些根本的问题却从不曾到我的心上。但这时候突然的，恍然的我惊觉了。仿佛是一向跟着我形体奔波的影子忽然阻住了我的前路，责问我这匆匆的究竟是为什么！

一称新意识的诞生。这来我再不能盲冲，我至少得认明来踪与去迹，该怎样走法如其有目的地，该怎样准备如其前程还在遥远？

阿，我何尝愿意吞这果子，早知有这多的麻烦！现在我第一要考查明白的是这"我"究竟是怎么一回事；然后再决定掉落在这生活道上的"我"的赶路方法。以前种种动作是没有这新意识作主宰的；此后，什么都得由它。

一九二六年四月五日作

想飞

　　假如这时候窗子外有雪——街上，城墙上，屋脊上，都是雪，胡同口一家屋檐下偎着一个戴黑兜帽的巡警，半拢着睡眼，看棉团似的雪花在半空中跳着玩……假如这夜是一个深极了的啊，不是壁上挂钟的时针指示给我们看的深夜，这深就比是一个山洞的深，一个往下钻螺旋形的山洞的深……

　　假如我能有这样一个深夜，它那无底的阴森捻起我遍体的毫管；再能有窗子外不住往下筛的雪，筛淡了远近间飚动的市谣，筛泯了在泥道上挣扎的车轮。筛灭了脑壳中不妥协的潜流……

　　我要那深，我要那静。那在树荫浓密处躲着的夜鹰轻易不敢在天光还在照亮时出来睁眼。思想；它也得等。

　　青天里有一点子黑的。正冲着太阳耀眼，望不真，你把手遮着眼，对着那两株树缝里瞧，黑的，有榧子来大，不，有桃子来大——嘿，又移着往西了！

　　我们吃了中饭出来到海边去。（这是英国康槐尔极南的

232

一角，三面是大西洋。）勍丽丽的叫响从我们的脚底下匀匀的往上颤，齐着腰，到了肩高，过了头顶，高入了云，高出了云。啊，你能不能把一种急震的乐音想象成一阵光明的细雨，从蓝天里冲着这平铺着青绿的地面不住的下？不，那雨点都是跳舞的小脚，安琪儿的。云雀们也吃过了饭，离开了它们卑微的地巢飞往高处做工去。上帝给它们的工作，替上帝做的工作。瞧着，这儿一只，那边又起了两！一起就冲着天顶飞，小翅膀动活的多快活，圆圆的，不踌躇的飞，——它们就认识青天。一起就开口唱，小嗓子动活的多快活，一颗颗小精圆珠子直往外唾，亮亮的唾，脆脆的唾，——它们赞美的是青天。瞧着，这飞得多高，有豆子大，有芝麻大，黑刺刺的一屑，直顶着无底的天顶细细的摇，——这全看不见了，影子都没了！但这光明的细雨还是不住的下着……

飞。"其翼若垂天之云……背负苍天，而莫之夭阏者"；那不容易见着。我们镇上东关厢外有一座黄泥山，山顶上有一座七层的塔，塔尖顶着天。塔院里常常打钟，钟声响动时，那在太阳西晒的时候多，一枝艳艳的大红花贴在西山的鬓边回照着塔山上的云彩，——钟声响动时，绕着塔顶尖，摩着塔顶天，穿着塔顶云，有一只两只有时三只四只有时五只六只蜷着爪往地面瞧的"饿老鹰"，撑开了它们灰苍苍的大翅膀没挂恋似的在盘旋，在半空中浮着，在晚风中泅着，

233

仿佛是按着塔院钟的波荡来练习圆舞似的。那是我做孩子时的"大鹏"。有时好天抬头不见一瓣云的时候听着猇忧忧的叫响，我们就知道那是宝塔上的饿老鹰寻食吃来了，这一想象半天里秃顶圆睛的英雄，我们背上的小翅膀骨上就仿佛豁出了一锉锉铁刷似的羽毛，摇起来呼呼响的，只一摆就冲出了书房门，钻入了玳瑁镶边的白云里玩儿去，谁耐烦站在先生书桌前晃着身子背早上上的多难背的书！啊，飞！不是那在树枝上矮矮的跳着的麻雀儿的飞；不是那凑天黑从堂扁后背冲出来赶蚊子吃的蝙蝠的飞；也不是那软尾巴软嗓子做窠在堂檐上的燕子的飞。要飞就得满天飞，风拦不住云挡不住的飞，一翅膀就跳过一座山头，影子下来遮得阴二十亩稻田的飞，到天晚飞倦了就来绕着那塔顶尖顺着风向打圆圈做梦……听说饿老鹰会抓小鸡！

飞。人们原来都是会飞的。天使们有翅膀，会飞，我们初来时也有翅膀，会飞。我们最初来就是飞了来的，有的做完了事还是飞了去，他们是可羡慕的。但大多数人是忘了飞的，有的翅膀上掉了毛不长再也飞不起来，有的翅膀叫胶水给胶住了再也拉不开，有的羽毛叫人给修短了像鸽子似的只会在地上跳，有的拿背上一对翅膀上当铺去典钱使过了期再也赎不回……真的，我们一过了做孩子的日子就掉了飞的本领。但没了翅膀或是翅膀坏了不能用是一件可怕的事。因为你再也飞不回去，你蹲在地上呆望着飞不上去的天，看旁人有福气的一程一程的在青云里逍遥，那多可怜。而且翅膀又不比是你脚上的鞋，穿烂了可以再问妈要一双去，翅膀可不成，折了一根毛就是一根，没法给补的。还有，单顾着你翅膀也还不定规到时候能飞，你这身子要是不谨慎养太肥了，翅膀力量小再也拖不起，也是一样难不是？一对小翅膀驮不起一个胖肚子，那情形多可笑！到时候你听人家高声的招呼说，朋友，回去罢，趁这天还有紫色的光，你听他们的翅膀在半空中沙沙的摇响，朵朵的春云跳过来拥着他们的肩背，望着最光明的来处翩翩的，再再的，轻烟似的化出了你的视域，像云雀似的只留下一泻光明的骤雨——"Thou art unseen, but yet I hear thy shrill delight"——那你，独自在泥涂里淹着，够多难受，够多懊恼，够多寒伧！趁早留神你的翅膀，朋友。

是人没有不想飞的。老是在这地面上爬着够多厌烦，不说别的。飞出这圈子，飞出这圈子！到云端里去，到云端里去！那个心里不成天千百遍的这么想？飞上天空去浮着，看地球这弹丸在太空里滚着，从陆地看到海，从海再看回陆地。凌空去看一个明白——这才是做人的趣味，做人的权威，做人的交代。这皮囊要是太重挪不动，就掷了它，可能的话，飞出这圈子，飞出这圈子！

人类初发明用石器的时候，已经想长翅膀。想飞。原人洞壁上画的四不象，它的背上掮着翅膀；拿着弓箭赶野兽的，他那肩背上也给安了翅膀。小爱神是有一对粉嫩的肉翅的。挨开拉斯（Icarus）是人类飞行史里第一个英雄，第一次牺牲。安琪儿（那是理想化的人）第一个标记是帮助他们飞行的翅膀。那也有沿革——你看西洋画上的表现。最初像是一对小精致的令旗，蝴蝶似的粘在安琪儿们的背上，像真的，不灵动的。渐渐的翅膀长大了，地位安准了，毛羽丰满了。画图上的天使们长上了真的可能的翅膀。人类初次实现了翅膀的观念，彻悟了飞行的意义。挨开拉斯闪不死的灵魂，回来投生又投生。人类最大的使命，是制造翅膀；最大的成功是飞！理想的极度，想象的止境，从人到神！诗是翅膀上出世的；哲理是在空中盘旋的。飞：超脱一切，笼盖一切，扫荡一切，吞吐一切。

你上那边山峰顶上试去，要是度不到这边山峰上，你就得到这万丈的深渊里去找你的葬身地！"这人形的鸟会有一天试他第一次的飞行，给这世界惊骇，使所有的著作赞美，给他所从来的栖息处永久的光荣。"啊达文賽！

但是飞？自从挨开拉斯以来，人类的工作是制造翅膀，还是束缚翅膀？这翅膀，承上了文明的重量，还能飞吗？都是飞了来的，还都能飞了回去吗？钳住了，烙住了，压住了，——这人形的鸟会有试他第一次飞行的一天吗？……

同时天上那一点子黑的已经迫近在我的头顶，形成了一架鸟形的机器，忽的机沿一侧，一球光直往下注，硼的一声炸响，——炸碎了我在飞行中的幻想，青天里平添了几堆破碎的浮云。

一九二六年四月十四日至十六日作

罗素与幼稚教育

我去年七月初到康华尔（Cornwall 英伦最南一省）去看罗素夫妇。他们住在离潘让市九英里沿海设无线电台处的一个小村落，望得见"地角"（Land's End）的"壁虎"尖凸出在大西洋里，那是英伦岛最南的一点，康华尔沿海的"红岩"（Red Cliffs）是有名的，但我在那一带见着的却远没有想象中的红岩的壮艳。因为热流故，这沿海一带的气候几乎接近热带性，听说冬天是极难得冷雪的。这地段却颇露荒凉的景象，不比中部的一片平芜，树木也不多，荒草地里只见起伏的巨牛；滨海尤其是硗确的岩地，有地方壁立万仞，下瞰白羽的海岛在汹涌的海涛间出没。罗素的家，一所浅灰色方形的三层楼屋，有矮墙围着，屋后身凸出一小方的雨廊，两根廊柱是黄漆的，算是纪念中国的意思。——是蠹崎在一片荒原的中间，远望去这浅嫩的颜色与呆木的神情，使你想

237

起十八世纪趣剧中的村姑子，发上歇着一只怪鸟似的缎结，手叉着腰，直挺挺的站着发愣。屋子后面是一块草地，一边是门，一边抄过去满种着各色的草花不下二三十种，在一个墙角里他们打算造一爿中国凉亭式的小台，我当时给写了一块好像"听风"还不知"临风"的匾题，现在想早该造得了。这小小的家园是我们的哲学家教育他的新爱弥儿的场地。

罗素那天赶了一个破汽车到潘让市车站上来接我的时候，我差一点不认识他。简直是一个乡下人！一顶草帽子是开花的，褂子是烂的，领带，如其有，是像一根稻草在胸前飘着，鞋，不用说，当然有资格与贾波林的那双拜弟兄！他手里擒着一只深酱色的烟斗，调和他的皮肤的颜色。但他那一双眼，多敏锐，多集中，多光亮——乡下人的外廓掩不住哲学家的灵智！

那天是礼拜，我从"Exeter"下去就只这趟奇慢的车。罗素先生开口就是警句，他说"萨拜司的休息日是耶教与工团联合会的惟一共同信条"！车到了门前，那边过来一个光着"脚鸭子"手提着浴布的女人，肤色叫太阳晒得比罗素的紫酱，笑着招呼我，可不是勃兰克女士，现在罗素夫人，我怎么也认不出来，要是她不笑不开口。进门去他们给介绍他们的一对小宝贝，大的是男，四岁，有个中国名字叫金铃，小的是女，叫恺弟。我问他们为什么到这极南地方来做隐

238

士，罗素说一来为要静心写书，二来（这是更重要的理由）为顾管他们两小孩子的德育（to look after the moral education of our kids）。

我在他们家住了两晚。听罗素谈话正比是看德国烟火，种种眩目的神奇，不可思议的在半空里爆发，一胎孕一胎的，一彩绾一彩的，不由你不讶异，不由你不欢喜。但我不来追记他的谈话，那困难就比是想描写空中的银花火树；我此时想起的就只我当时眼见的所谓"看顾孩子们的德育"的一斑。这讲过了，下回再讲他新出论教育的书——

On Education！Especially in Early Childhood，By Bertrand Russell．Published：London，George Allen and Unwin．

金铃与恺弟有他们的保姆，有他们的奶房（Nursery），白天他们爹妈工作的时候保姆领着他们。每餐后他们照例到屋背后草地上玩，骑木马，弄熊，看花，跑，这时候他们的爹妈总来参加他们的游戏。有人说大人物都是有孩子气的，这话许有一部分近情。有一次我在威尔思家看他跟他的两个孩子在一间"仓间"里打"行军球"玩，他那高兴真使人看了诧异，简直是一个孩子——跑，踢，抢，争，笑，嚷，算输赢，一双晶亮的小蓝眼珠里活跃着不可抑遏的快活，满脸红红的亮着汗光，气吁吁的一点也不放过，正如一个活泼的孩子，谁想到他是年近六十"在英语国里最伟大的一个智力"（法郎士评语）的一个作者！罗素也是的，虽则他没有威尔思那样彻底的忘形，也许是为他孩子还太小不够合伙玩的缘故。这身体上（不止思想——与心情上）不失童真，在我看是西方文化成功的一个大秘密；回想我们十六字联"蟠蟠老成，尸居余气；翩翩年少，弱不禁风！"的汉族，不由的脊骨里不打寒噤。

我们全站在草地上。罗素对大孩子说，来，我们练习。他手抓住了一双小手，口唱着"我们到桑园里去，我们到桑园里去"那个儿歌，提空了小身子一高一低的打旋。同时恺弟那不满三岁的就去找妈给她一个同哥哥一样。再来就骑马。爸爸做马头，妈妈做马尾巴，两孩夹在中间做马身子，得儿儿跑，得儿儿跑，绕着草地跑，跑个气喘才住。有一次兄妹俩抢骑木马，闹了，爸爸过去说约翰（男的名）你先来，来过了让妹妹，恺弟就一边站着等轮着她。但约翰来过了还不肯让。恺弟要哭了，爸妈吩咐他也不听，这回老哲学家恼了，一把拿他合扑着抱了起来往屋子里跑，约翰就哭，听他们上楼去了。但等不到五分钟，父子俩携着手笑吟吟走了出来，再也不闹了。

妈叫约翰领徐先生看花去，这真太可爱了，园里花不止三十种，惭愧我这老大认不到三种，四岁的约翰却没一样不知名，并且很多种还是他小手亲自栽的，看着他最爱的他就蹲下去摸摸亲亲，他还知道各种花开的迟早，那几样蝴蝶们

240

顶喜欢，那几样开顶茂盛，他全知道，他得意极了。恺弟虽则走路还勉强，她也来学样，轻轻的摸摸嗅嗅，那神气太好玩了。

吃茶的时候孩子们也下来。约翰捧了一本大书来，那是他的，给客人看。书里是各地不同的火车头，他每样讲给我听：这绿的是南非洲从那里到那里的，这长的是加拿大那里的，这黄的是伦敦带我们到潘让市来的，到那一站换车，这是过西伯利亚到中国去的，爸爸妈妈顶喜欢的中国，约翰大起来一定得去看长城吃大鸭子；这是横穿美洲过落机山的，过多少山洞，顶长的有多长——喔，约翰全知道，一看就认识！罗素说他不仅认识知道火车，他还知道轮船，他认好几十个大轮船，知道它们走的航线，从那里到那里——他的地理知识早就超过他保姆的，这学全是诱着他好奇的本能，渐渐由他自己一道一道摸出来的；现在你可以问他从伦敦到上海，或是由西特尼到利物浦，或是更复杂的航路，他都可以从地图上指给你看，过什么地方，有什么好东西看好东西吃，他全知道！

但最使我受深印的是这一件事。罗素告诉我他们早到时，约翰还不满三岁，他们到海里去洗澡，他还是初次见海，他觉得怕，要他进水去他哭，这来我们的哲学家发恼了："什么，罗素的儿子可以怕什么的！可以见什么觉得胆怯的！那不成！"他们夫妻俩简直把不满三岁的儿子，不管他哭闹，一把撺进了海里去，来了一回再来，尽他哭！好，过了三五天，你不叫他进水去玩他都不依，一定要去了！现在他进海水去就比在平地上走一样的不以为奇了。东方做父母的一定不能下这样手段不是？我也懂得，但勇敢，胆力，无畏的精神，是一切德性的起源，品格的基础，这地方决不可含糊；别的都还可以，懦怯，怕，最不成的，这一关你不趁早替他打破，他竟许会害了他一辈子的。罗素每回说勇敢（Courage）这字时，他声音来得特别的沉着，他眼里光异样的闪亮，竟仿佛这是他的宗教的第一个信条，做人惟一的凭证！

我们谁没有做过小孩子？我们常听说孩子时代是人生最乐的时光。孩子是一片天真没有烦恼，没有忧虑，一天只道玩，肢体是灵活的，精神是活泼的。有父母的孩子尤其是享福，谁家父母不疼爱孩子，家里添了一个男的，屋子里顶奥僻的基角都会叫喜气的光彩给照亮了的。谁不想回去再过一道甜蜜的孩子生活，在妈的软兜里窝里，向爹要果子糖吃，晚上睡的时候有人替你换衣服，低低的唱着歌哄你闭上眼，做你甜蜜的小梦去？年岁是烦恼，年岁是苦恼，年岁是懊恼：咒它的，为什么亮亮的童心一定得叫人事的知识给涂黯了的？我们要老是那七八十来岁，永远不长成，永远有爹娘疼着我们；比如那林子里的莺儿，永远在欢欣的歌声中自醉，永远不知道：

The weariness, the fever, and the fret here, where men sit and hear each other groan…①

那够多美!

这是我们理想中的孩子时代，我们每回觉得吃不住生活的负担时往往惆怅光阴太匆匆的卷走了我们那一段最耐寻味的痕迹。但我们不要太受诗人们的催眠了，既然过去的已经是过去；我们知道有意识的人生自有它的尊严，我们经受的烦恼与痛苦，只要我们能受得住不叫它们压倒，也自有它们的意义与价值；过分耽想做孩子时轻易的日子，只是泄漏你对人生欠缺认识，犹之过分伤悼老年同是一种知识上的浅陋，不，我们得把人生看成一个整的；正如树木有根有干有枝叶有花果，完全的一生当然得具备童年与壮年与老年三个时期；童年是播种与栽培期，壮年是开花成荫期，老年是结果收成期，童年期的重要，正在它是一个伟大的未来工作的预备，这部工夫做不认真不透彻时将来的花果就得代付这笔价钱——

The child is father of the man.②

真的我们很少自省到我们的缺陷，意志缺乏坚定，身体

---

① 这句英文的意思是：疲惫，烦躁和懊恼；坐下来相互唉声叹气……
② 这是一句英国谚语，意思是一个人的童年决定着他的未来，类似于中国人常说的"三岁看八十"。

与心智不够健全，种种习惯的障碍使我们随时不自觉的走上堕落的方向，这里面有多少情形是可以追源到我们当初栽培与营养时期的忽略与过失。根心里的病伤难治；在弁髦时代种下的斑点，可以到斑白的毛发上去寻痕迹，在这里因果的铁律是丝毫不松放的。并且我们说的孩子时期还不单指早年时狭义的教育，实际上一个人品格的养成是在六岁以前，不是以后；这里说的孩子期可以说是从在娘胎时起到学龄期止的经程——别看那初出娘胎黄毛吐沫的小团团正如小猫小狗似的不懂事，它们官感开始活动的时辰，就是它来人生这学校上学的凭证。不，胎教家还得进一步主张做父母的在怀胎期内就该开始检点他们自身的作为，开始担负他们养育的责任。这道理是对的；正如在地面上仅透乃至未透一点青芽的花木，不自主的感受风露的影响，禀承父母气血的胎儿，当然也同样可以吸收他们思想与行为的气息，不论怎样的微细。

但孩子它自己是无能力的，这责任当然完全落在做父母的与及其他管理人的身上。但我们一方面看了现代没有具备做父母资格的男女们尽自机械性的活动着他们生产的本能，没遮拦的替社会增加废物乃至毒性物的负担，无顾恋的糟蹋血肉与灵性——我们不能不觉着怕惧与忧心；再一方面我们又见着应分有资格的父母们因为缺乏相当的知识或是缺乏打破不良习惯的勇气，不替他们的儿女准备下适当环境，不给他们适当的营养，结果上好的材料至少不免遭受部分的残废——我们又不能不觉着可惜与可怜。因为养育儿女，就算单顾身体一事，仅仅凭一点本能的爱心还是不够的；要期望一个完全的儿童，我们得先假定一双完全的父母，身体、知识、思想，一般的重要。人类因为文明的结果，就这躯体的组织也比一切生物更复杂，更柔纤，更不易培养；它那受病的机会以及病的种类也比别的动物差得远了。因此在猫、狗、牛、马是一个不成问题的现象，在今日的人类就变了最费周章的问题了。

　　带一个生灵到世界上来，养育一个孩子成人，做父母的责任够多重大；但实际上做父母的——尤其是我们中国人——够多糊涂！中国民族是叫"不孝有三，无后为大"一句话给咒定了的；"生儿子"是人生第一件大事情，多少的罪恶，什么丑恶的家庭现象，都是从这上头发生出来的。影响到个人，影响到社会，同样的不健康。摘下来的果子，比方说，全是这半青不熟的，毛刺刺的一张皮包着松松的一个核，上口是一味苦涩，做酱都嫌单薄，难怪结果是十六字的大联："蟠蟠老成，尸居余气；翩翩年少，弱不禁风！"尤其是所谓"士"的阶级，那应分是社会的核心，最受儒家"孝"说的流毒，一代促一代的酿成世界上惟一的弱种；谁说今日中国社会发生病态与离心涣散的现象（原先闭关时代，不与外族竞争，所以病象不能自见，虽则这病根已有几千年的老），不能归咎到我们最荒谬的"唯生男主义"？先天所以是弱定了的，后天又没有补救的力量；中国人管孩子还不是绝无知识绝对迷信固执恶习的老妈子们的专门任务？管孩子是阃以内的事情，丈夫们管不着，除了出名请三朝满月周岁或是孩子死了出名报丧！家庭又是我们民族恶劣根性的结晶，比牢狱还来得惨酷，黑暗，比猪圈还来得不讲卫生；但这是我们小安琪们命定长成的环境，什么奇才异禀敌得过这重重"反生命"的势力？这情形想起都叫人发抖，我不是说我们的父母就没有人性，不爱惜他们子女；不，实际上我们是爱得太过了。但不幸天下事情单凭原始的感情是万万不够的，何况中国人所谓爱儿子的爱的背后还耽着一个不可说的最自私的动机——"传种"：有了儿子盼孙子，有了孙子望曾孙，管他是生疮生癣，做贼做强盗，只要到年纪娶媳妇传种就得！生育与繁殖固然是造物的旨意，但人类的尊严就在能用心的力量超出自然法的范围，另创一种别的生物所不能的生活概念，像我们这样原始性的人生观不是太挖苦了吗？就为我们生子女的惟一目标是为替祖先传命脉，所以儿童本身的利益是绝对没有地位的。喔，我知道你要驳说中国人家何尝不想栽培子弟，要他有出息，"有出息"，是的！旧的人家想子弟做官发财；新的人家想子弟发财做官（现在因为欠薪的悲惨做父母的渐渐觉得做官是乏味的，除了做兵官，那是一种新的行业）动机还不是一样为要满足老朽们的虚荣与实惠，有几家父母曾经替子弟们自身做人的使命（非功利的）费一半分钟的考量踌躇？再没有一种反嘲（爱伦内）能比说"中国是精神文明"来得更恶毒，更鲜艳，更深刻！我们现在有人已经学会了嘲笑英国维多利亚时代所代表的理想与习俗。吭，这也是爱伦内；我们的开化程度正还远不如那所谓"菲力士挺"哪！我们从这近几十年来的经验，至少得了一个教训，就是新的绝对不能与旧的妥协，正如科学不能妥协迷信，真理不能妥协错误。我们革新的工作得从根底做起；一切的价值得重新估定，生活的基本观念得重新确定，一切教育的方针得按照前者重新筹划——否则我们的民族就没有更新的希望。

是的，希望就在教育。但教育是一个最泛的泛词，重要的核心就在教育的目标是什么。古代斯巴达奖励儿童做贼，为的是要造成做间谍的技巧；中世纪的教育是为训练教会的奴隶；近代帝国主义的教育是为侵略弱小民族；中国人旧式的教育是为维持懒惰的生活。但西方的教育，虽则自有它的错误与荒谬情形，但它对于人的个性总还有相当的尊敬与计算，这是不容否认的。所以我们当前第一个观念得确定的是人是个人，他对他自身的生命负有直接的责任；人的生命不是一种工具，可以供当权阶级任意的利用与支配。教育的问题是在怎样帮助一个受教育人合理的做人。在这里我们得假定几个重要的前提：（一）人是可以为善的；（二）合理的生活是可能的；（三）教育是有造成品格的力量的。我在这篇里说的教育几乎是限于养成品格一义，因为灌输智识只是极狭义的教育并且是一个实际问题，比较的明显简单。近代关于人生科学的进步，给了我们在教育上很多的发见与启示，一点是使我们对于儿童教育特别注意，因为品格的养成期最重要的是在孩子出娘胎到学龄年的期间。在人类的智力还不能实现"优生"的理想以前，我们只能尽我们教育的能力引导孩子们逼近准备"理想人"的方向走去。这才真是革命的工作——革除人类已成乃至防范未成的恶劣根性，指望实现一个合理的群体生活的将来。手把着革命权威的不是散传单的学生，不是有枪弹的大兵，也不是讲道的牧师或讲学的教师；他们是有子女的父母，在孩子们学语学步吃奶玩耍最关紧要的日常生活间，我们期望真正革命工作的活动！

关于这革命工作的性质、原则，以及实行的方法，罗素在他新出《论教育》的书里给了我们极大的光亮与希望。那本书听说陈宝锷先生已经着手翻译，那是一个极好的消息，我们盼望那书得到最大可能的宣传，真爱子女的父母们都应得接近那书里的智慧，因为在适当的儿童教育里隐有改造社会最不可错误的消息。我下次也许再续写一篇，略述罗素那本书的大意与我自己的感想。

（3）《**爱眉小札**》（选）

——选自北京同心出版社 2011 年版的《爱眉小札》

爱眉小札·日记

1925 年 8 月 9 日—31 日　　北京

八月九日

"幸福还不是不可能的"，这是我最近的发现。

今天早上的时刻，过得甜极了。我只要你；有你我就忘却一切，我什么都不想什么都不要了，因为我什么都有了。与你在一起没有第三人时，我最乐。坐着谈也好，走道也好，上街买东西也好。厂甸我何尝没有去过，但哪有今天那样的甜法；爱是甘草，这苦的世界有了它就好上口了。眉你真玲珑，你真活泼，你真像一条小龙。

我爱你朴素，不爱你奢华。你穿上一件蓝布袍，你的眉目间就有一种特异的光彩，我看了心里就觉着不可名状的欢喜。朴素是真的高贵。你穿戴齐整的时候当然是好看，但那

249

好看是寻常的，人人都认得的，素服时的眉，有我独到的领略。

"玩人丧德，玩物丧志"，这话确有道理。

我恨的是庸凡，平常，琐细，俗；我爱个性的表现。

我的胸膛并不大，决计装不下整个或是甚至部分的宇宙。我的心河也不够深，常常有露底的忧愁。我即使小有才，决计不是天生的，我信是勉强来的；所以每回我写什么多少总是难产，我唯一的靠傍是刹那间的灵通。我不能没有心的平安，眉，只有你能给我心的平安。在你完全的蜜甜的高贵的爱里，我享受无上的心与灵的平安。

凡事开不得头，开了头便有重复，甚至成习惯的倾向。在恋中人也得提防小漏缝儿，小缝儿会变大窟窿，那就糟了。我见过两相爱的人因为小事情误会斗口，结果只有损失，没有利益。我们家乡俗谚有："一天相骂十八头，夜夜睡在一横头。"意思是说好夫妻也免不了吵。我可不信，我信合理的生活，动机是爱，知识是南针；爱的生活也不能纯粹靠感情，彼此的了解是不可少的。爱是帮助了解的力，了解是爱的成熟，最高的了解是灵魂的化合，那是爱的圆满功德。

没有一个灵性不是深奥的，要懂得真认识一个灵性，是一辈子的工作。这工夫愈下愈有味，像逛山似的，唯恐进得不深。

眉，你今天说想到乡间去过活，我听了顶欢喜，可是你得准备吃苦。总有一天我引你到一个地方，使你完全转变你的思想与生活的习惯。你这孩子其实是太娇养惯了！我今天想起丹农雪乌的《死的胜利》的结局；但中国人，哪配！眉，你我从今起对爱的生活负有做到他十全的义务。我们应得努力。眉，你怕死吗？眉，你怕活吗？活比死难得多！眉，老实说，你的生活一天不改变，我一天不得放心。但北京就是阻碍你新生命的一个大原因，因此我不免发愁。

我从前的束缚是完全靠理性解开的；我不信你的就不能用同样的方法。万事只要自己决心；决心与成功间的是最短的距离。

往往一个人最不愿意听的话，是他最应得听的话。

八月十一日

这过的是什么日子！我这心上压得多重呀！眉，我的眉，怎么好呢？刹那间有千百件事在方寸间起伏，是忧，是虑，是瞻前，是顾后，这笔上哪能写出？眉，我怕，我真怕世界与我们是不能并立的，不是我们把他们打毁成全我们的话，就是他们打毁我们，逼迫我们的死。眉，我悲极了，我胸口隐隐的生痛，我双眼盈盈的热泪，我就要你，我此时要你，我偏不能有你，喔，这难受——恋爱是痛苦的，是的眉，再也没有疑义。眉，我恨不得立刻与你死去，因为只有死可以给我们想望的清静，相互的永远占有。眉，我来献全盘的爱给你，一团火热的真情，整个儿给你，我也盼望你也一样拿整个，完全的爱还我。

世上并不是没有爱，但大多是不纯粹的，有漏洞的，那就不值钱，平常，浅薄。我们是有志气的，决不能放松一屑屑，我们得来一个真纯的榜样。眉，这恋爱是大事情，是难事情，是关生死超生死的事情——如其要到真的境界，那才是神圣，那才是不可侵犯。有同情的朋友是难得的，我们现有少数的朋友，就思想见解论，在中国是第一流。他们都是真爱你我，看重你我，期望你我的。他们要看我们做到一般人做不到的事，实现一般人梦想的境界。他们，我敢说，相信你我有这天赋，有这能力；他们的期望是最难得的，但同时你我负着的责任，那不是玩儿。对己，对友，对社会，对天，我们有奋斗到底，做到十全的责任！眉，你知道我近来心事重极了，晚上睡不着不说，睡着了就来怖梦，种种的顾虑整天像刀光似的在心头乱刺，眉，你又是在这样的环境里嵌着，连自由谈天的机会都没有，咳，这真是哪里说起！眉，我每晚睡在床上寻思时，我仿佛觉着发根里的血液一滴滴的消耗，在忧郁的思念中黑发变成苍白。一天二十四时，心头哪有一刻的平安——除了与你单独相对的俄顷，那是太难得了。眉，我们死去吧，眉，你知道我怎样的爱你，啊眉！比如昨天早上你不来电话，从九时半到十一时我简直像是活抱着炮烙似的受罪，心那么的跳，那么的痛，也不知为什么，说你也不信，我躺在榻上直咬着牙，直翻身喘着哪！后来再也忍不住了，自己拿起了电话，心头那阵的狂跳，差一点把我晕了。谁知你一直睡着没有醒，我这自讨苦吃多可笑，但同时你得知道，眉，在恋中人的心理是最复杂的心理，说是最不合理可以，说是最合理也可以。眉，你肯不肯亲手拿刀割破我的胸膛，挖出我那血淋淋的心留着，算是我给你最后的礼物？

今朝上睡昏昏的只是在你的左右。那怖梦真可怕，仿佛有人用妖法来离间我们，把我迷在一辆车上，整天整夜的飞行了三昼夜，旁边坐着一个瘦长的严肃的妇人，像是运命自身，我昏昏的身体动不得，口开不得，听凭那妖车带着我跑，等得我醒来下车的时候有人来对我说你已另订约了。我说不信，你带约指的手指忽在我眼前闪动。我一见就往石板上一头冲去，一声悲叫，就死在地下——正当你电话铃响把我振醒，我那时虽则醒了，但那一阵的凄惶与悲酸，像是灵魂出了窍似的，可怜呀，眉！我过来正想与你好好的谈半句钟天，偏偏你又得出门就诊去，以后一天就完了，四点以后过的是何等不自然而局促的时刻！我与"先生"谈，也是凄凉万状，我们的影子在荷池圆叶上晃着，我心里只是悲惨，眉呀，你快来伴我死去吧！

八月十九日

眉，你救了我，我想你这回真的明白了，情感到了真挚而且热烈时，不自主的往极端方向走去，亦难怪我昨夜一个人发狂似的想了一夜，我何尝成心和你生气，我更不会存一丝的怀疑，因为那就是怀疑我自己的生命，我只怪嫌你太孩子气，看事情有时不认清亲疏的区别，又太顾虑，缺乏勇气。须知真爱不是罪（就怕爱而不真，做到真字的绝对义那才做到爱字），在必要时我们得以身殉，与烈士们爱国，宗教家殉道，同是一个意思。你心上还有芥蒂时，还觉得"怕"时，那你的思想就没有完全叫爱染色，你的情没有到晶莹剔透的境界，那就比一块光泽不纯的宝石，价值不能怎样高的。昨晚那个经验，现在事后想来，自有它的功用，你看我活着不能没有你，不单是身体，我要你的性灵，我要你身体完全的爱我，我也要你的性灵完全的化入我的，我要的是你的绝对的全部——因为我献给你的也是绝对的全部，那才当得起一个爱字。在真的互恋里，眉，你可以尽量，尽性的给，把你一切的所有全给你的恋人，再没有任何的保留，隐藏更不须说；这给，你要知道，并不是给，像你送人家一件袍子或是什么，非但不是给掉，这给是真的爱，因为在两情的交流中，给与爱再没有分界；实际是你给的多你愈富有，因为恋情不是像金子似的硬性，它是水流与水流的交抱，是明月穿上了一件轻快的云衣，云彩更美，月色亦更艳

254

了。眉，你懂得不是，我们买东西尚且要挑剔，怕上当，水果不要有蛀洞的，宝石不要有斑点的，布绸不要有皱纹的，爱是人生最伟大的一件事实，如何少得一个完全；一定得整个换整个，整个化入整个，像糖化在水里，才是理想的事业，有了那一天，这一生也就有了交代了。

眉，方才你说你愿意跟我死去，我才放心你爱我是有根了；事实不必有，决心不可不有，因为实际的事变谁都不能测料，到了临场要没有相当准备时，原来神圣的事业立刻就变成了丑陋的顽笑。

世间多的是没志气的人，所以只听见顽笑，真的能认真的能有几个人；我们不可不格外自勉。

我不仅要爱的肉眼认识我的肉身，我要你的灵眼认识我的灵魂。

爱眉小札·书信

一九三一年三月四日自北平

至爱妻：

到平已八日，离家已十一日，仅得一函，至为关念。昨得虞裳来书，称洵美得女，你也去道喜。见你左颊微肿，想必是牙痛未愈，或又发。前函已屡嘱去看牙医，不知已否去过，已见好否？我不在家，一切都须自己当心。即如此消息来，我即想到你牙痛苦楚模样，心甚不忍。要知此虚火，半因天时，半亦起居不时所至。此一时你须决意将精神身体全盘整理，再不可因循自误。南方不知已放晴否？乘此春时，正好努力。可惜你左右无精神振爽之良伴，你即有志，亦易于奄奄蹉跎。同时时日不待，光阴飞谢，实至可怕。即如我近两年，亦复苟安贪懒，一无朝气。此次北来，重行认真做事，颇觉吃力。但果能在此三月间扭回习惯，起劲做人，亦未为过晚。所盼者，彼此忍受此分居之苦，至少总应有相当成绩，庶几彼此可以告慰。此后日子借此可见光明，亦快心事也。此星期已上课，北大八小时，女大八小时，昨今均七时起身，连上四课。因初到须格外卖力（学生亦甚欢迎），结果颇觉吃力，明日更烦重，上午下午两处跑，共有五小时课。星六亦重，又因所排功课，皆非我所素习，不能不稍事预备，然而苦矣。晚睡仍迟，而早上不能不起。胡太太说我可怜，但此本分内事，连年舒服过当，现在正该加倍的付利息了。

女子大学的功课本是温源宁的，繁琐得很。八个钟点不算，倒是六种不同科目，最烦。地方可是太美了。原来是九爷府，后来常荫槐买了送给杨宇霆的。王宫大院，真是太好了。每日煤就得烧八十多元。时代真不同了。现在的女学生一切都奢侈，打扮真讲究，有几件皮大氅，着实耀眼。杨宗翰也在女大。我的功课都挤在星期三、四、五、六。这回更不能随便了。下半年希望能得基金讲座，那就好，教六个钟头，拿四五百元。余下功夫，有很可以写东西。目前怕只能做教匠。六阿姨他们昨天来此，今天我去。（第二次）赫哥请在一亚一吃饭。六姨定三月南去，小瑞亦颇想同行，不知成否？昨日元宵，我一人在寓，看看月色，颇念着你。半空中常见火炮，满街孩子欢呼。本想带祖望他们去城南看焰火，因要看书未去。今日下午亦未出门。赵元任夫妇及任叔永夫妇来便饭。小三等放花甚起劲。一年一度，元宵节又过去了。我此来与上次完全不同，游玩等事一概不来。除了去厂甸二次，戏也未看，什么也没有做。你可以放心。但我真是天天盼望你来信，我如此忙，尚且平均至少两天一信。你在家能有多少要公，你不多写，我就要疑心你不念着我。娘好否，为我请安。此信可给娘看看。我要做工了。

如有信件一起寄来。

你的摩摩　元宵后一日

一九三一年三月十九日自北平

爱眉亲亲：

今天星四，本是功课最忙的一天，从早起直到五时半才完。又有莎菲茶会，接着 Swan 请吃饭，回家已十一时半，真累。你的快信在案上。你心里不快，又兼身体不争气，我看信后，十分难受。我前天那信也说起老母，我未尝不知情理。但上海的环境我实在不能再受。再窝下去，我一定毁；我毁，于别人亦无好处，于你更无光鲜。因此忍痛离开；母病妻弱，我岂无心？所望你能明白，能助我自救；同时你亦从此振拔，脱离痼疾；彼此回复健康活泼，相爱互助，真是海阔天空，何求不得？至于我母，她固然不愿我远离，但同时她亦知道上海生活于我无益，故闻我北行，绝不阻拦。我父亦同此态度；这更使我感念不置。你能明白我的苦衷，放我北来，不为浮言所惑：亦使我对你益加敬爱。但你来信总似不肯舍去南方。碌石是我的问题，你反正不回去。在上海与否，无甚关系。至于娘，我并不曾要你离开她。如果我北京有家，我当然要请她来同住。好在此地房舍宽敞，决不至如上海寓处的局促。我想只要你肯来，娘为你我同居幸福，决无不愿同来之理。你的困难，由我看来，决不在尊长方面，而完全是在积习方面。积重难返，恋土情重是真的。（说起报载法界已开始搜烟，那不是玩！万一闹出笑话来，如何是好，这真是仔细打点的时机了。）我对你的爱，只有你自己最知道，前三年你初沾上习的时候，我心里不知有几百个早晚，像有蟹在横爬，不提多么难受。但因你身体太坏，竟连话都不能说。我又是好面子，要做西式绅士的。所以至多只是短时间绷长着一个脸，一切都郁在心里。如果不是我身体茁壮，我一定早得神经衰弱。我决意去外国时是我最难受的表示。但那时万一希冀是你能明白我的苦衷，提起勇气做人。我那时寄回的一百封信，确是心血的结晶，也是漫游的成绩。但在我归时，依然是照旧未改；并且招恋了不少浮言。我亦未尝不私自难受，但实因爱你过深，不惜处处顺你从着你，也怪我自己意志不强，不能在不良环境中挣出独立精神来。在这最近二年，多因循复因循，我可说是完全同化了。但这终究不是道理！因为我是我，不是洋场人物。于我固然有损，于你亦无是处。幸而还有几个朋友肯关切你我的健康和荣誉，为你我另开生路，固然事实上似乎有不少不便，但只要你这次能信从你爱摩的话，就算是你牺牲，为我牺牲。就算你和一个地方要好，我想也不至于要好得连一天都分离不开。况且北京实在是好地方。你实在是过于执一不化，就算你这一次迁就，到北方来游玩一趟：不合意时尽可回去。难道这点面子都没有了吗？我们这对夫妻，说来也真是特别；一方面说，你我彼此相互的受苦与牺牲，不能说是不大。很少夫妇有我们这样的脚跟。但另一方面说，既然如此相爱，何以又一再舍得相离？你是大方，固然不错，但事情总也有个常理。前几年，想起真可笑。我是个痴子，你素来知道。你真的不知道我曾经怎样渴望和你两人并肩散一次步，或同出去吃一餐饭，或同看一次电影，也叫别人看了羡慕。但说也奇怪，我守了几年，竟然守不着一单个的机会，你没有一天不是 engaged 的，我们从没有 privay 过。到最近，我已然部分麻木，也不想望那种世俗幸福。即如我行前，我过生日，你也不知道。我本想和你同吃一餐饭，玩玩。临别前，又说了几次，想要实行至少一次的约会，但结果我还是脱然远走，一单次的约会都不得实现。你说可笑不，这些且不说它，目前的问题：第一还是你的身体。你说我在家，你的身体不易见好，现在我不在家了，不正是你加倍养息的机会？所以你爱我，第一就得咬紧牙根，养好身体；其次想法脱离习惯，再来开始我们美满的结婚幸福。我只要好好下去，做上三两年工，在社会上不怕没有地位，不怕没有高尚的名誉。虽则不敢担保有钱，但饱暖以及适度的舒服总可以有。你何至于遽尔悲观？要知道，我亲亲至爱的眉眉，我与你是一体的，情感思想是完全相通的；你那里一不愉快，我这里立即感到。心上一不舒适，如何还有勇气做事？要知道我在这里确有些做苦工的情形。为的无非是名气，为的是有荣誉的地位，为的是要得朋友们的敬爱，方便尤在你。我是本有颇高地位，用不着从平地筑起，江山不难取得，何不勇猛向前？现在我需要我缺少的只是你的帮助与根据于真爱的合作。眉眉！大好的机会为你我开着，再不可错过了。时候已不早（二时半），明日七时半即须起身。我写得手也成冰，脚也咸冰。一颗心无非为你，聪明可爱的眉眉，你能不为我想想吗？

北大经过适之再三去说，已领得三百元。昨交兴业汇沪交账。女大无望，须到下月十日左右再能领钱，我又豁边了，怎好？南京日内或有钱，如到，来函提及。

祝你安好，孩子！上沉想已到，一百元当已交到。陈图南不日去申，要甚东西，来函告知。

你的摩摩

三月十九日星四

一九三一年六月十四日自北平

我至爱的老婆：

先说几件事，再报告来平后行踪等情。第一，文伯怎么样了？我盼着你来信，他三弟想已见过，病情究有甚关系否？药店里有一种叫因陈，可煮当水喝，甚利于黄病。仲安确行，医治不少黄病。他现在北平，伺候副帅。他回沪定为他调理如何？只是他是无家之人，吃中药极不便，梦绿家或我家能否代煎？盼即来信。

第二是钱的问题，我是焦急得睡不着。现在第一盼望节前发薪，但即节前有，寄到上海，定在节后，而二百六十元期转眼即到，家用开出支票，连两个月房钱亦在三百元以上，节还不算。我不知如何弥补得来？借钱又无处开口。我这里也有些书钱、车钱、赏钱，少不了一百元，真的踌躇极了。本想有外快来帮助，不幸目前无一事成功，一切飘在云中，如何是好？钱是真可恶，来时不易，去时太易。我自阳历三月起，自用不算，路费等等不算，单就付银行及你的家用，已有二千零五十元。节上如再寄四百五十元，正合二千五百元，而到六月底还只有四个月，如连公债果能抵得四百元，那就有三千元光景，按五百元一月，应该尽有富余，但内中不幸又夹有债项。你上节的三百元，我这节的二百六十元，就去了五百六十元，结果拮据得手足维艰。此后又已与老家说绝，缓急无可通融。我想想，我们夫妻俩真是醒起才是！若再因循，真不是道理。再说我原许你家用及特用每月以五百元为度，我本意教书而外，另有翻译方面二百可得，两样合起，平均相近六百，总还易于维持。不想此半年各事颠倒，母亲去世，我奔波往返，如同风里篷帆。身不定，心亦不定，莎士比亚更如何译得？结果仅有学校方面五百多，而第一个月又被扣了一半。眉眉亲爱的，你想我在这情形下，张罗得苦不苦，同时你那里又似乎连五百都还不够用似的，那叫我怎么办？我想好好和你商量，想一长久办法，省得拔脚窝脚，老是不得干净。家用方面，一是（屋子），二是（车子），三是（厨房）：这三样都可以节省，照我想一切家用此后非节到每月四百，总是为难。眉眉，你如能真心帮助我，应得替我想法子，我反正如果有余钱，也决不自存。我靠薪水度日，当然梦想不到积钱，唯一希冀即是少债，债是一件 degrading and humiliating thing。眉，你得知道有时竟连最好朋友都会因此伤到感情的，我怕极了的。

262

写至此，上沅夫妇来打了岔，一岔真岔到下午六时。时间真是不够支配。你我是天成的一对。都是不懂得经济，尤其是时间经济。关于家务的节省，你得好好想一想，总得根本解决车屋厨房才是。我是星四午前到的，午后出门。第一看奚若，第二看丽琳叔华。叔华长胖了好些，说是个有孩子的母亲，可以相信了。孩子更胖，也好玩，不怕我，我抱她半天。我近来也颇爱孩子。有伶俐相的，我真爱。我们自家不知到哪天有那福气，做爸妈抱孩子的福气。听其自然是不成的，我们都得想法，我不知你肯不肯。我想你如果肯为孩子牺牲一些，努力戒了烟，省得下来的是大烟里。哪怕孩子长成到某种程度，你再吃。你想我们要有，也真是时候了。现在阿欢已完全与我不相干的了。至少我们女儿也得有一个，不是？这你也得想想。

　　星四下午又见杨今甫，听了不少关于俞珊的话。好一位小姐，差些一个大学都被她闹散了。梁实秋也有不少丑态，想起来还算咱门露脸，至少不曾闹什么话柄。夫人！你的大度是最可佩服的。北京最大的是清华问题，闹得人人都头昏。奚若今天走，做代表到南京，他许去上海来看你，你得约洵美请他玩玩。他太太也闹着要离家独立谋生去，你可以问问他。

　　星五午刻，我和罗隆基同出城。先在燕京，叔华亦在，从文亦在，我们同去香山看徽音。她还是不见好，新近又发了十天烧，人颇疲乏。孩子倒极俊，可爱得很，眼珠是林家的，脸盘是梁家的。昨在女大，中午叔华请吃鲥鱼蜜酒，饭后谈了不少话，吃茶。有不少客来，有 Rose，熊光着脚不穿袜子，海也不回来了，流浪在南方已有十个月，也不知怎么回事。她亦似乎满不在意，真怪。昨晚与李大头在公园，又去市场看王泊生戏，唱逍遥津，大气磅礴，只是有气少韵。座不甚佳，亦因配角太乏之故。今晚唱探母，公主为一民国大学生，唱还对付，貌不佳。他想搭小翠花，如成，倒有希望叫座。此见下海亦不易。说起你们唱戏，现在我亦无所谓了。你高兴，只有俦伴合式，你想唱无妨，但得顾住身体。此地也有捧雪艳琴的。有人要请你做文章。昨天我不好受，头腹都不适。冰淇淋吃太多了。今天上午余家来，午刻在莎菲家，有叔华、冰心、今甫、性仁等，今晚上沅请客，应酬真烦人，但又不能不去。

说你的画，叔华说原卷太差，说你该看看好些的作品。老金、丽琳张大了眼，他们说孩子是真聪明，这样聪明是糟了可惜。他们总以为在上海是极糟，已往确是糟，你得争气，打出一条路来，一鸣惊人才是。老邓看了颇夸，他拿付裱，裱好他先给题，杏佛也答应题，你非得加倍用功小心，光娘的信到了，照办就是。请知照一声，虞裳一二五元送来否？也问一声告我。我要走了，你得勤写信。乖！

你的摩　十四日

一九三一年十月二十九日自北平

至爱妻眉：

今天是九月十九日，你二十八年前出世的日子，我不在家中，不能与你对饮一杯蜜酒，为你庆祝安康。这几日秋风凄冷，秋月光明，更使游子思念家庭。又因为归思已动，更觉百无聊赖，独自惆怅。遥想闺中，当亦同此情景。今天洵美等来否？也许他们不知道，还是每天似的，只有瑞午一人陪着你吞吐烟霞。

眉爱，你知我是怎样的想念你！你信上什么"恐怕成病"的话，说得闪烁，使我不安。终究你这一月来身体有否见佳？如果我在家你不得休养，我出外你仍不得休养，那不是难了吗？前天和奚若谈起生活，为之相对生愁。但他与我同意，现在只有再试试，你同我来北平住一时，看是如何。你的身体当然宜北不宜南！

爱，你何以如此固执，忍心和我分离两地？上半年来去频频，又遭大故，倒还不觉得如何。这次可不同，如果我现在不回，到年假尚有两个多月。虽然光阴易逝，但我们恩爱夫妻，是否有此分离之必要？眉，你到哪天才肯听从我的主张？我一人在此，处处觉得不合适；你又不肯来，我又为责任所羁，这真是难死人也！

百里那里，我未回信，因为等少蝶来信，再作计较。竞

265

武如果虚张声势，结果反使我们原有交易不得着落，他们两造，都无所谓；我这千载难逢的一次外快又遭打击，这我可不能甘休！竞武现在何处，你得把这情形老实告诉他才是。

你送兴业五百元是哪一天？请即告我。因为我二十以前共送六百元付账，银行二十三来信，尚欠四百元，连本月房租共欠五百有余。如果你那五百元是在二十三以后，那便还好，否则我又该着急得不了了！请速告我。

车怎样了？绝对不能再养的了！

大雨家贝当路那块地立即要出卖，他要我们给他想法。他想要五万两，此事瑞午有去路否？请立即回信，如瑞午无甚把握，我即另函别人设法。事成我要二厘五的一半。如有人要，最高出价多少，立即来信，卖否由大雨决定。

明天我叫图南汇给你二百元家用（十一月份），但千万不可到手就宽，我们的穷运还没有到底；自己再不小心，更不堪设想。我如有不花钱飞机坐，立即回去。不管生意成否。

我真是想你，想极了。

摩吻

十月二十九日